El libro de los
NOMBRES
del
BEBÉ

El libro de los

NOMBRES

del

BEBÉ

EG

EDITORIAL GUADAL

EDICIÓN, PRODUCCIÓN Y REDACCIÓN
María Eugenia Ludueña y Marcela Osa

ARTE, DISEÑO Y CUBIERTA
Mariana Capuzzi

EDITOR
Oscar Armayor

PRODUCCIÓN
Mikonos Comunicación Gráfica

EG

ÍNDICE

El ritual del nombre

El sonido del propio nombre es una de las vibraciones más potentes que nos acompañan durante toda la vida. Nombrar a alguien es enhebrar esas letras y tejer una música. Es un arte: requiere sensibilidad, apertura y creatividad. Y es, además, un ritual ancestral, que atraviesa todas las tradiciones y culturas. Suena como un tremendo desafío. Pero es también uno de los juegos más hermosos de la vida.

Dime cómo te llamas y te diré de dónde vienes

La identidad de cada pueblo se puede rastrear mediante los nombres que usan los habitantes de esa tierra. La mayoría de los de origen hebreo expresan maneras de honrar a Dios, aspectos de la religión, personajes o lugares importantes en la historia judía. Los de origen griego suelen referirse a personajes de la mitología, batallas honrosas o atributos ligados al equilibrio, la armonía y la belleza. Los latinos se relacionan de modo más intenso con las pasiones y las emociones. Los germánicos ponderan actitudes guerreras, realzan el poder, la fuerza o la sagacidad. Los nombres aborígenes, igual que los orientales, están íntimamente ligados a fenómenos de la naturaleza. Los españoles fueron los primeros en dar nombres compuestos. Y los latinoamericanos son campeones en llevarlos y usarlos por partida doble.

Así como los nombres de los pueblos mantienen algunas características en común, el gesto de dar nombre implica diferentes significados y filosofías. Los romanos creían que dar un nombre era regalar de manera consciente una determinada influencia. Durante años, algunos pueblos de Europa dieron nombres en función del santoral correspondiente al día del nacimiento. En el antiguo Oriente, el nombre era definitorio de la persona; otorgárselo significaba tener en claro cuál sería su misión en la vida. Algunas culturas tribales preferían ocultar el nombre de una persona para preservarla de la ira de los dioses. Otras no lo pronunciaban frente a extraños, por temor a que con ese dato les fuera arrebatada el alma.
Entre algunas castas hindúes, el astrólogo aún participa de la elección del nombre: en función de cálculos astronómicos, debe sugerir la primera sílaba, que luego es completada por los parientes. En algunas etnias de México y Guatemala, el nombre de los bebés se revela pocos días después del nacimiento, a través de los espíritus de la naturaleza. Son los chamanes quienes lo adivinan mientras pasan una noche cantando, y al día siguiente comunican el nombre a la familia.
Cualquiera sea nuestra tierra, comunidad y creencia, nombrar por primera vez a un bebé es un acto sagrado. Dar un nombre construye una relación única entre el que lo

da y el que lo recibe. Las letras y los significados invocados colectivamente a través de miles de años de historia están cargados de energía, de resonancia, de poderes mágicos.

Detrás de la elección

Hay nombres que se imponen por sí mismos (Iván, Atila) y nombres que son un viaje por el mundo (Adriana) o por el cosmos (Alterio). Hay otros que remiten a cualidades, a piedras, a flores, a meses. Así se trate de un nombre simple y claro, o guarde su mensaje escondido como un tesoro por descubrir, su significado es muy importante.

Los psicoanalistas opinan que el modo en que los padres nombran a sus hijos les transmite de manera inconsciente una actitud, como si al asignarles un nombre estuvieran tratando de desarrollar en ellos sueños y deseos propios. Y algo de eso tal vez hay, pero también más. Porque no elegimos solamente un concepto lineal, sino un conjunto de imágenes y memorias. Dante, por ejemplo, es también Virgilio, Dante Alighieri y una travesía por los diferentes mundos.

Los psicólogos transpersonales y los metafísicos aseguran que cuando el alma viene a este mundo, canta su nombre al oído de quienes se ocuparán de asignarlo. Y es esa vibración de contenido, etimología y sonido la energía que expresa la identidad y una misión.

No importa cuánto tarde en llegar a nuestros labios esa palabra. Lo fundamental es disfrutar del proceso como un juego. Porque en un instante son esas letras y no otras las que inscriben al bebé en una genealogía y una historia.

Tercer milenio: nombres sin fronteras

La legislación cambia según los países. A veces, dentro del mismo territorio pueden existir modalidades diferentes en cada región. Pero para los bebés nacidos en el siglo XXI, los nombres casi no tienen fronteras. Encuentran un espíritu común. Se intercambian. Realzan las raíces —los nombres aborígenes están popularizándose en todo el mundo— y enarbolan la diversidad cultural. Muchos términos que durante años no se aceptaron por considerarse extranjeros, se han globalizado y extendido por el mundo.

En la lista de los nombres más usados durante los últimos años en Estados Unidos, por ejemplo, los hay de orígenes diversos, como Jasmine, Julia, Isabella, Kiara y Zoe. En algunos países de Latinoamérica, la variedad es aún mayor: existen registros civiles que no ponen límite a la creatividad de los padres, y se puede crear un nombre basándose en la raíz de dos diferentes. El inventario se amplía también cuando las versiones originarias del inglés o del árabe se castellanizan y adoptan la grafía de la pronunciación.

cómo usar este libro

La cantidad de nombres es infinita: nos hemos quedado con una selección de los más modernos, antiguos, futuristas, tradicionales, mágicos y cosmopolitas. Para un manejo ágil y simple de este libro, los hemos agrupado por letras.

En cada una encontrarás una breve referencia de la letra a su correspondencia con la numerología.

La primera letra del alfabeto latino, irradia aventura, autosuficiencia y amistad. En la numerología equivale al 1, símbolo de acción y creatividad. La A es original, progresista e independiente.

Numerología: cómo vibra cada letra

- La numerología es una herramienta más de conocimiento interior. Los sabios de la antigüedad la consideraban una ciencia que les servía de guía para la vida cotidiana.
- Estudia el valor cualitativo del número, aplicado al ser humano y su entorno.

- Otorga a cada letra del alfabeto un valor numérico, con un valor metafísico y un significado definido.
- La suma de las letras que incluye un nombre puede reducirse a un dígito que sintetiza una vibración. A través de ella, la numerología nos dice cómo somos, con qué fortalezas venimos al mundo y en qué nos sentiremos mejor.
- Para este libro hemos tenido en cuenta el significado numerológico de la primera letra del nombre: ella nos da pistas sobre alguna característica que tendrá ese bebé.
- La información numerológica contenida en este libro es apenas un punto de partida y no pretende ser una afirmación predictiva, sino un punto de contacto más con la vibración del nombre que cada uno puede profundizar según sus creencias e intuiciones.

Para seguir explorando en los poderes mágicos que las letras regalan a un nombre, vas a encontrar a continuación la correspondencia entre el alfabeto occidental y el alfabeto de las runas.

A:ANSUZ

Significa "Un Dios". Es un forma están grabadas los dos rúnalos que Dios otorgó a los seres humanos: el espíritu (aliento de vida) y la inspiración (actividad mental impartida). Por la tanto, entre sus poderes mágicos se encuentran el don de la comunicación y el de las artes. Es la runa de la palabra, la poesía, el canto y los conjuros mágicos. A quienes tengan esta letra en su nombre, transmite múltiples talentos, abundantes conocimientos y una profunda espiritualidad.

● Cada uno de estos veinticuatro símbolos encierra un significado literal y un enigma esotérico que sólo puede descubrir quien lo estudie con conciencia, o quien lo lleve escrito en su nombre.
● Se dice que estos signos mágicos irradian su influencia a las personas y les transmiten su sabiduría y poder.
● Lo que las distingue de otros sistemas esotéricos es que su sabiduría se relaciona tanto con la filosofía y la metafísica, como con las cuestiones cotidianas de los seres humanos.
● Cada runa guarda correspondencia con una letra del alfabeto latino. Todas ellas están explicadas en este libro.
● Conocer las que forman un nombre es una manera de descubrir aspectos de éste, y su vibración en el plano de la magia y del espíritu.

Introducción a las runas
● Las runas son, en su origen, el alfabeto de los pueblos nórdicos.
● Pero, además de ser un sistema de escritura, están relacionadas con la magia, la adivinación y el conocimiento ancestral de estos pueblos.
● La palabra runa significa "misterio" o "secreto".

Luego se despliegan los listados de nombres de mujer, fáciles de identificar a simple vista por la mariposa, y los de varón, reconocibles por la presencia del caracol.

En cada listado, los nombres están ordenados alfabéticamente. Sigue, entre paréntesis, el origen. Y, finalmente, una o más definiciones de su significado, ya que muchas veces el mismo nombre remite a tradiciones, orígenes o sentidos diferentes entre sí.

Agripina (griego). De la familia de Agripa: señor del campo.

Amaya (doble origen). Vasco: Pasto. Aborigen, aimara: hija muy querida.

Para facilitar y ampliar la búsqueda, hemos decidido incluir en cada nombre su familia de variantes. Esto significa que en "Juana" encontrarás diversas variantes: la manera en que el nombre se traduce en otras lenguas, sus derivados gráficos, diminutivos y usos populares. La definición más completa del nombre siempre figura en el nombre raíz o en su versión castellanizada.

Juana (hebreo). Llena de la gracia de Dios. Forma femenina de Juan. Variantes: Gianina, Gianna, Ginette (francés), Giovanna (italiano), Ioanna, Ivana (ruso), Ivanna (ruso), Jana (eslavo), Jane (inglés), Janina, Jean (inglés), Jeannette (francés), Joana, Jodi, Johanna (hebreo), Juanita, Yanina, Xoana.

Si el nombre que estás buscando no aparece en la lista alfabética, es probable que esté incluido directamente en la familia de palabras de un nombre raíz. Es fácil que lo encuentres refiriéndote a los nombres que suenan o se escriben de manera muy parecida, ya que muchos nombres son derivados fonéticos o gráficos de otros. Por ejemplo, si estás buscando "Alanis", te conviene revisar "Alana". Encontrarás que "Alanis" es una variante de este nombre celta.

Alana (celta). Armonía. Variantes: Alanna, Alani, Alanis.

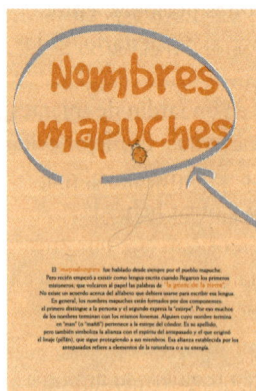

Nombres mapuches

Los nombres aborígenes y su etnia original están consignados en los listados. Pero los de origen mapuche están en un capítulo especial al final del libro.

Abati (aborigen: tupí guaraní). Maíz.

Con la idea de facilitar la decisión, al terminar cada letra hay un espacio para anotar los nombres que más te gustan. Y una página donde escribir todos los preseleccionados en el libro para llegar a la elección final.

MIS FAVORITOS CON A

Diez tips para elegir bien

Las opciones son infinitas. Por eso conviene tener muy presentes algunas pautas esenciales a la hora de elegir y empezar a descartar:

1 . **Buscar la armonía.** Desde que el bebé llegue al mundo, las sílabas de su nombre serán los primeros sonidos que resonarán a su alrededor, y los que irán construyendo su identidad. Es importante que el nombre sea claro y musical.

2 . **Sintonizar con el apellido.** El nombre y el apellido deberían formar un sonido único y definido, una unidad de sentido. Pensemos, por ejemplo, en Virginia Woolf o en Juan Rulfo. Como regla general, hay que evitar la repetición de letras o sílabas que genere un efecto sonoro desagradable. Hay apellidos más o menos difíciles, pero con un nombre en armonía pueden ser mucho más livianos de llevar. Los apellidos largos suelen sonar mejor cuando van acompañados de un nombre corto, y viceversa.

3 . **Ser conscientes.** Detrás de la elección de un nombre hay un significado y una huella de recuerdos, lugares, deseos, influencias, personas que lo llevan o lo llevaron. Es importante bucear en estos aspectos, y ser conscientes de lo que representan.

4 . **Estar atentos a las cargas.** Algunos psicólogos afirman que es preferible evitar elegir un nombre por recuerdo o agradecimiento hacia otra persona, ya que le imprime al que lo lleva una carga que le es ajena y de la que necesitará diferenciarse.

5 . **Jugar con el nombre.** Fantasear cómo lo van a pronunciar otras personas, entre ellas sus hermanitos. Imaginar cómo lo llamaremos cada mañana al despertarlo. O los apodos o asociaciones de los que será susceptible.

6 . **Tratar de escapar a la moda.** No hace falta más que entrar en un jardín de infantes para conocer cuáles fueron los personajes de moda de cinco años atrás. Es mejor evitar que el día de mañana los chicos tengan cuatro compañeros que se llamen igual que ellos. Nada mejor que estar atento a los nombres que se ponen a otros bebés.

7 . **No pretender una diferenciación a cualquier precio.** Soñamos con que nuestros hijos sean especiales. Y lo son por naturaleza. Tampoco hace falta materializar esto en un nombre rimbombante, difícil de recordar, escribir o pronunciar.

8 . **En lo posible, poner un segundo nombre.** Puede solucionar inconvenientes burocráticos si el día de mañana aparecen homónimos. También requiere su armonía.

9 . **Usar la intuición.** Para bucear en otros significados del nombre, o profundizar en sus resonancias esotéricas (runas, numerología, etcétera). Si el nombre no aparece, la intuición también nos ayudará a encontrarlo en los lugares menos pensados.

1 O . **Elegir con el corazón.** Una vez que aparece "el" nombre, ni siquiera buscamos argumentos. Es ése el que el bebé nos susurró al oído y nos contó el corazón.

La primera letra del alfabeto latino irradia aventura,
autosuficiencia y amistad.
En la numerología equivale al 1, símbolo de acción
y creatividad. La A es original, progresista e independiente.

A:ANSUZ

Significa "Un Dios". En sus
formas están grabados los dos
regalos que Dios otorgó a los
seres humanos: el espíritu (aliento
de vida) y la inspiración
(actividad mental inspirada).
Por lo tanto, entre sus poderes
mágicos se encuentran el don de
la comunicación y el de las artes.
Es la runa de la palabra, la poesía,
el canto y los conjuros mágicos.
A quienes tengan esta letra en su
nombre, transmite múltiples
talentos, abundante conocimiento
y una profunda espiritualidad.

MUJERES

Abigail (hebreo). La que es la alegría de su padre. Variantes: Abi, Abbi, Abby.

Abra (hebreo). Forma femenina de Abraham.

Abril (latino). Se refiere al cuarto mes del año. En la antigua Roma, Abril era el inicio del buen tiempo. Variante: Avril.

Ada (hebreo). La que irradia alegría. Variantes: Adda, Adina, Hada, Hadda.

Adabella. Compuesto de Ada y Bella.

Adalgisa (germánico). La noble rehén.

Adalia (persa). Seguidora del dios del fuego. Variante: Adara.

Adaluz. Compuesto de Ada y Luz.

Adara. Nombre de una estrella de la constelación del Can Mayor.

Adela (germánico). De noble estirpe. Variantes: Adilia.

Adelaida o Adelaide (germánico). Princesa noble. Variante: Alaide.

Adelfa (griego). Amistad fraterna.

Adelia (griego). Oscura, oculta, invisible. Variantes: Adelina, Alina (contracción de Adelina).

Adelina. Variante de Adelia.

Adelma (teutón). Protectora del necesitado. Variante: Lesmes.

Adena (hebreo). Frágil y dependiente. Variante: Adina.

Adoración (latino). Acción de venerar de los Reyes Magos.

Adriana (latino). Nacida en Adria, la ciudad marítima. La mujer del mar.

Afra (latino). La que vino del África.

Afrodita (griego). Diosa del amor y la belleza, nacida de la espuma del mar.

Agar (hebreo). La que se fugó. La Agar bíblica fue la concubina de Abraham y se vio obligada a huir al desierto.

Agata o Agatha (griego). La sublime, la virtuosa.

Aggie. Variante de Inés.

Aglae (griego). La esplendorosa. Bella. Resplandeciente. En la mitología griega, nombre de una de las tres gracias. Variantes: Agalia, Aglaya.

Agnes (griego). La que es casta y pura. Variantes: Agneses, Inés.

Agripina (griego). De la familia de Agripa: señor del campo.

Agueda (griego). De muchas virtudes. Nombre de la virgen siciliana que vivió en el siglo III y fue martirizada en Catania. Variantes: Agathe (francés), Agatha (inglés), Agata (italiano).

Agustina (latino). La que merece veneración. Variantes: Agostina, Augustine (alemán).

Aída (latino). La que viene de familia distinguida. Protagonista de la ópera de Giuseppe Verdi.

Aidee (griego). Mujer recatada. Variantes: Aide, Haide, Haidee.

Aimara (aborigen: quechua). Población y lengua del sur andino, próximo al lago Titicaca.

Ainara (vasco). Nombre que se le da en euskera (vasco) a la golondrina. Variante: Enara.

Ainoa (vasco). La de tierra fértil. Variante: Ainoha.

Aitana (vasco). Gloria.

Aixa (árabe). La elegida del de mayor autoridad. Variante: Aisha.

Alaia (vasco). Alegre, de buen humor.

Alana (celta). Armonía. Variantes: Alanna, Alani, Alanis.

Alba (latino). Blanca y fresca como la aurora.

Albana (latino). Perteneciente a la casa de los Alba (familia de la nobleza española).

Albertina (germánico). Brillante, ilustre.

Albina (latino). De tez muy blanca.

Alcira (germánico). De la nobleza.

Alda (germánico). Bellísima, experimentada.

Aldana (hispánico). Compuesto de Alda y Ana.

Alegra (latino). La llena de ardor. Lord Byron dio ese nombre a su hija.

Alejandra (griego). Defensora de los hombres. Variantes: Alejandrina, Aleksandra, Alessandra (italiano), Alesia, Alexandra (ruso), Alexa, Alexia.

Alethia (griego). En la mitología griega, la verdad, hija del tiempo, madre de la justicia y de la virtud. Variantes: Alesia, Alessia.

Alfa (griego). Simboliza el principio de todo.

Alfonsina (germánico). Noble y lista para combatir. Variante: Alfonsa.

Alicia (griego). La que defiende y protege. Femenino de Alejo. Variantes: Aleta, Aleteia, Aleth, Alice (inglés y francés), Alison (alemán), Alix, Alize (vasco).

Alida. Variante de Elida.

Alina (germánico). Contracción de Adelina. Variantes: Aline (francés), Alira.

Alma (latino). Bondadosa y gentil, toda espiritualidad.

Almendra (latino). Fruto y semilla del árbol frutal, originario de Asia.

Almira (árabe). La exaltada.

Almudena (árabe). La de ciudad pequeña. Advocación madrileña de la Virgen María.

Alondra (español). Ave de plumaje pardo, habita en las llanuras y zonas de cultivo, praderas y sabanas; emigra en invierno.

Altair (árabe). Estrella integrante de la constelación del águila.

Altea (griego). La que es saludable.

Alumine (latino). Resplandeciente en el fondo, brillante.

Ama (teutón). Trabajadora, enérgica.

Amada (latino). Variantes: Amadis (latino), Amanda.

Amalia (germánico). La despreocupada. Variante: Amaia.

Amancay (aborigen: quechua). Flor amarilla veteada de rojo. Variante: Amancai.

Amanda (latino). La que es amada.

Amapola (árabe). Planta que da flores de pétalos rojos y semillas negruzcas.

Amara (griego). Mujer de piel morena.

Amaranta (griego). La que no decae.

Amarilis (latino). Nombre de la pastora en los idilios de Teócrito y Eglogas escritos por el poeta Virgilio. Variante: Amarilia.

Amatista (latino). Embriagadora. Piedra de cuarzo transparente, de color violeta intenso, teñido por el óxido de manganeso.

Amaya (doble origen). Vasco: pasto. Aborigen, aimara: hija muy querida.

Ámbar. Piedra semipreciosa de color marrón amarillento, formada por la resina de los árboles. Suele contener fósiles de insectos y pequeñas plantas ya extintas.

Amelia (germánico). Enérgica. Variantes: Amelie, Amélida.

América (germánico). Femenino de Américo, príncipe industrioso y activo.

Amina (árabe). La mujer fiel. Nombre de la madre de Mahoma.

Aminta (griego). La protectora.

Amira (árabe). La que es princesa.

Amparo (latino). La que cobija, la que da protección.

Ana (hebreo). La que tiene la gracia de Dios. Variantes: Ane (vasco), Ann (inglés), Anna (italiano), Annette (francés).

Anabella. Compuesto de Ana y Bella. Variantes: Anabel, Anabela.

Anahí (aborigen: guaraní). Alude a la flor del ceibo. Variante: Anahid.

Analía. Compuesto de Ana y Lía.

Analisa. Forma compuesta por Ana y Elisa.

Anastasia (griego). Femenino de Anastasio, el que fue resucitado. Variante: Anastasie (francés).

Anatilde. Compuesto de Ana y Matilde.

Andrea (griego). Femenino de Andrés, valiente y varonil. Se usa como nombre de varón y de mujer, por lo que debe ir acompañado de otro que especifique sexo. Variantes: Andreína, Andresa.

Andrómeda (griego). En la mitología, hija de Casiopea y Cefeo, salvada por Perseo de un monstruo marino.

Anelida. Forma compuesta por Ana y Elida.

Anelina. Forma compuesta por Ana y Elina.

Ángela (griego). La que envió Dios.

Variantes: Ángeles (advocación de la Virgen), Angella, Angélica, Angelina, Angie, Anxella (gallego).

Ania (griego). La afligida.

Aniceta (griego). Femenino de Aniceto, hombre de gran fuerza. Variante: Aniketa (vasco).

Aniria (griego). La victoriosa.

Anselma (germánico). Femenino de Anselmo, el protegido de Dios.

Antígona (griego). Distinguida por sus hermanos. En la mitología griega, la hija de Edipo y Yocasta, que acompañó a su padre en el exilio después de que éste cometiera incesto y se arrancara los ojos.

Antonia (griego). Hermosa como una flor. Femenino de Antonio. Variantes: Antoinette (francés), Antonella (italiano), Antonieta, Antonina.

Anunciación (latino). La que anuncia, referido al anuncio de la Virgen como madre de Dios.

Anxela. Variante gallega de Angela.

Apia (latino). La piadosa.

Apolinaria (latino). Consagrada al dios Apolo.

Ara (aborigen: araucano). Nube.

Arabel (latino). Altar hermoso. Variantes: Arabela, Arebela.

Araceli (latino). El altar del cielo. Variantes: Aracelia, Aracelli.

Aranzazu (vasco). La que habita en las sierras.

Arcadia (griego). Ciudad rodeada de fortalezas.

Arcángela (griego). La princesa de todos los ángeles.

Arcelia (latino). Pequeño cofre con tesoros.

Aretusa (griego). Según la mitología,

una de las compañeras de Artemisa, transformada en fuente.

Argentina (latino). La que resplandece como la plata.

Ariadna (griego). Muy santa. En la mitología griega, la amante de Teseo. Variantes: Aria, Ariadne (inglés), Ariane (francés), Ariana, Arianna, Aryana.

Ariela (hebreo). Femenino de Ariel, león de Dios. Variantes: Arielle (francés).

Arlet (francés). De la ciudad de Arles (Francia).

Armanda (germánico). Guerrera. Variante: Arminda.

Artemisa. Diosa griega de la caza. Se la representa como la gran madre, hija de Zeus y hermana de Apolo.

Artura (celta). Femenino de Arturo, guardián de la Osa (por la estrella de ese nombre en la constelación del Boyero, próxima a la Osa Mayor).

Astra (griego). Deslumbrante como estrella.

Astrid (germánico). La amada por los dioses. Variante: Astryd.

Asunción (español). La que fue llevada a los cielos.

Atala (griego). La juvenil.

Atenea (griego). Evoca la figura de Palas Atenea, virgen y guerrera, protectora de la inteligencia, el razonamiento y el derecho. Diosa protectora de los atenienses.

Athina (griego). Atenas.

Auda (latino). Valiente y audaz.

Augusta (latino). Que infunde respeto y veneración.

Aura (latino). Soplo, brisa.

Aurea (latino). Brillante como el oro.

Aurelia (latino). Que tiene el valor del oro. Femenino de Aurelio.

Auristela (latino). La estrella de oro.

Aurora (latino). Brillante y resplandeciente como el amanecer. Diosa del alba.

Avelina (latino). La que nació en Avella. Femenino de Avelino.

Aynkan (aborigen). La hermana mayor.

Azalea (latino). Flor del desierto.

Azucena (árabe). Madre admirable.

Azul (árabe). Del color del cielo sin nubes.

M I S   F A V O R I T O S   C O N   **A**

- 20 -

VARONES

Aarón (hebreo). Alta montaña. En sentido espiritual: alto, elevado, iluminado.

Abad (hebreo). El único.

Abati (aborigen: tupí guaraní). Maíz.

Abbot (hebreo). Padre.

Abdallah (árabe). El siervo de Dios. Variantes: Abdala, Abdul.

Abdel (árabe). Sirviente.

Abdías (hebreo). Siervo de Dios.

Abdón (hebreo). El muy servicial.

Abel (asirio). El hijo. Variante: Abele (italiano).

Abel (hebreo). Un suspiro.

Abelardo (hebreo). Noble decidido.

Abelardo o **Abelard** (celta). El que trabaja como una abeja.

Abey (aborigen: indoamericano). Hoja.

Abi (hebreo). Dios es mi padre.

Abijah (hebreo). Dios es mi padre.

Abott (hebreo). El padre. Variante: Abo.

Abraham (hebreo). Padre de una gran multitud. Variantes: Abe, Abie, Abraan, Abram.

Absalón (hebreo). Padre y señor de la Paz. Variantes: Absalom, Axel.

Abu (africano). Padre.

Acab (hebreo). El tío.

Acacio (griego). El que no tiene maldad, muy honrado.

Ace (latino). Unión, primera clase.

Acelin (alemán). Noble.

Ackerley (inglés). De la pradera de robles.

Adair (celta). Lugar de robles.

Adalberto o **Adalbert** (germánico). Perteneciente a la nobleza.

Adalgiso (griego). La lanza de la nobleza. Variantes: Algiso, Adalvino.

Adalrico (griego). Jefe noble de la estirpe.

Adán (hebreo). Hombre hecho de barro. Variantes: Adam, Alano.

Addison (inglés). Hijo de Adán.

Ade (africano). Corona, real.

Adelardo (griego). El príncipe que es audaz. Variantes: Adelhard (alemán), Adelino.

Adelio (germánico). El padre del príncipe noble.

Adelmo (germánico). Noble protector.

Adem (turco). Tierra, mundo.

Ademar (germánico). El que es ilustre por sus luchas. Célebre y famoso combatiente. Variantes: Ademaro, Adimar, Adhelmar (griego), Adhemar.

Aderes (hebreo). Alguien que protege.

Adiel (hebreo). Adornado por Dios.

Adlai (hebreo). Refugiado de Dios.

Adler (alemán). Águila.

Adley (hebreo). Justo.

Adolfo (germánico). De noble estirpe. Variantes: Adulfo, Adolphus.

Adon (hebreo). Señor, amo, dueño.

Adonai (hebreo). Señor mío. Variante: Adonías.

Adonis (griego). El más hermoso de los hombres. Hombre amado por Afrodita.

Adrián (latino). Nacido en Adria, ciudad de Italia que le dio nombre al mar Adriático. Variantes: Adiran, Adriano.

Adriel (hebreo). El que pertenece a la

grey de Dios.

Aeneas (griego). Merecedor de alabanza.

Afton (celta). Del río Afton.

Agamenón (griego). El que es lento, que tarda en avanzar en el camino.

Agapito (hebreo). El muy amado.

Agar (hebreo). El que se fugó.

Agate (griego). Noble.

Agatón (griego). El vencedor.

Agenor (griego). El varón que tiene gran fuerza.

Ageo (hebreo). De carácter festivo, que alegra.

Agila (teutón). Posee la espada del combate.

Agripino (griego). De la familia de Agripa: el que nace con los pies hacia afuera.

Agus. Diminutivo de Agustín.

Agustín (latino). El que merece veneración.

Ahearn (celta). Amo de los caballos.

Ahmed (africano). Digno de alabanzas.

Ahmik (hebreo). Fuerza del dios del rebaño.

Ahren (alemán). Águila.

Aidano (teutón). Quien se distingue. Fuego. Variante: Aidan.

Aike (aborigen: tehuelche). Lugar. Vivienda. Debe acompañarse con otro nombre que indique sexo.

Aiken (inglés). Fuerte como un roble.

Aimery (alemán). Gobernador industrioso.

Aimon (teutón). Amigo de la casa.

Ain (hebreo). Providencia divina. Debe acompañarse con otro nombre que indique sexo.

Aitor (vasco). Patriarca y padre legendario de los antiguos vascos.

Ajani (africano). El que gana la lucha.

Ajay (hindú). Dios.

Akbar (árabe). Fabuloso.

Akil (árabe). Inteligente, pensante.

Akilah (árabe). Inteligente, lógico.

Akilina (latino). Águila.

Akira (japonés). Alegre.

Akiva (hebreo). Protege.

Al (inglés). Variante de Albert. Noble, brillante.

Aladdin (árabe). Creencia.

Aladino (árabe). El que alcanzó la cumbre del saber religioso.

Alair (latino). Contento. Alegre.

Alan (celta). El hombre imponente, apuesto. Variantes: Alain (francés), Alano (italiano).

Alardo (germánico). Muy noble.

Alaric (alemán). Gobernador noble.

Alarico (teutón). Rey de todos los hombres.

Alastair (inglés). Variante de Alejandro.

Alban (latino). Blanco. Variante: Albany.

Albano (germánico). Perteneciente a la casa de los Alba.

Alben (latino). Rubio.

Albert o **Alberto** (germánico). Que brilla por su nobleza. Forma reducida de Adalberto. Variantes: Albert, Albretch, Oberto.

Albino (latino). De tez muy blanca.

Alcander (griego). Fuerte.

Alceo (griego). Hombre de gran fuerza y vigor.

Alcibíades (griego). Hombre fuerte y valiente.

Alcides (griego). Fuerte y vigoroso.

Alcott (inglés). De la cabaña vieja.

Alcuino (teutón). Amigo de lugar sagrado, amigo del templo.

Alden (inglés). Protector viejo y sabio.

Variantes: Aldan, Aldon.

Alder (alemán). Nombre de un árbol.

Aldo (celta). Noble, lleno de experiencia. Hombre experimentado. Variantes: Ald, Aldano, Aldino, Aldous.

Alec (griego). Forma de Alejandro (ver).

Alejandro (griego). Es el protector y defensor de los hombres. Variantes: Alejandrino, Aleka (griego), Aleksander (ruso), Aleksy (polaco), Alessandro (italiano), Alexander (inglés), Alexandre (catalán), Sandro.

Alejo (griego). Que protege y defiende. Variantes: Ales (vasco), Alesio (italiano), Alessio (italiano).

Alem (africano). Mundo.

Aleron (francés). Armadura de caballero.

Aleser (árabe). León.

Alexis. Variante de Alejo.

Aleydis (teutón). Proviene de noble familia.

Alf. Diminutivo de Alfonso.

Alfio (griego). El de tez blanca.

Alfonso (germánico). Guerrero preparado para el combate. Variante: Anfos (catalán).

Alfred o Alfredo (germánico). El consejero ingenioso.

Alger (alemán). Hombre noble de lanza.

Alí (árabe). Sublime, superior, elevado. Variante: Alim.

Alipio (griego). Aquel al que no afectan las penas.

Alistair (escocés). Defensor del hombre.

Alix (alemán). Noble.

Allard (alemán). Resuelto noblemente.

Almandos (árabe). Caudillo árabe.

Alonso o Alphonse. Variantes de Alfonso.

Alston (inglés). Del viejo solar.

Altair (griego). Estrella.

Alterio (griego). Como un cielo estrellado.

Alton (inglés). Del viejo solar.

Alucio (latino). Es lúcido y está esclarecido.

Alva (latino). De complexión clara.

Alvar. Variante de Álvaro.

Álvaro o Alvero (germánico). Totalmente prudente. Despierto.

Alvin (inglés). Amigo noble.

Amadeo (latino). El que ama a Dios. Variantes: Amadeus.

Amado (latino). El que es objeto de amor.

Amador (latino). Prodiga amor.

Amalio (griego). Hombre que es despreocupado.

Aman (hebreo). El magnífico.

Amancio o Amandio (latino). El que ama a Dios.

Amando (latino). Amado por todos.

Amankaya (aborigen: aimàra). Azucena. Debe acompañarse con otro nombre que indique sexo.

Amantzi (vasco). Variante de Amancio.

Amaranto (griego). El que no decae.

Amaro (gallego). Variante de Mauro.

Amaru (aborigen: quechua). Es la denominación de la serpiente sagrada que representa el infinito.

Ambrosio (griego). El eterno, el inmortal. Variante: Ambroise (francés).

Amelio (teutón). Muy trabajador, enérgico.

Américo (germánico). El príncipe en acción. Variante: Amérigo (italiano).

Amet (árabe). Variante de Ahmad. Más loable.

Ami. Variante de Amón.

Amiel o Ammiel (hebreo). Pueblo de Dios.

Amílcar (púnico). El que manda en la ciudad.

A 🐌

Amín (árabe). Hombre que es fiel.

Amintor (griego). El protector.

Amir (árabe). El jefe.

Amiri (africano). Príncipe.

Ammiano. Derivado de Amón. Variantes: Ammià (catalán), **Ammiano**.

Ammon (egipcio). Escondido.

Amón o **Ami** (hebreo). El constructor.

Amós (hebreo). Hombre robusto.

Ampelio (griego). El que hace vino de sus propias uvas.

Anacleto (griego). El que fue invocado.

Anaías (hebreo). El Señor contesta.

Anando (africano). Gloria.

Ananías (hebreo). Que tiene la gracia de Dios.

Anastasio (griego). El que resucitó o fue resucitado.

Anatolio (griego). Que vino de Oriente.

Ande (africano). Columna.

Anders (escandinavo). Fuerte, varonil. Variante: **Ander** (vasco).

Andras (escandinavo). Suspiro.

Andrea (italiano). Variante de Andrés. Debe estar acompañado de otro nombre que indique sexo.

Andrés (griego). Viril, varón, hombre ilustre. Variantes: **Andreas, André, Andrew, Andrey, Andries** (griego).

Andreus (griego). Hijo del río Peneius.

Androcles (griego). Hombre cubierto de gloria.

Andrónico (germánico). Hombre a la victoria.

Andy (inglés). Diminutivo de Andrés.

Ángel, Angelino o **Angelo** (griego). El enviado o mensajero de Dios. Variante: **Axel** (gallego).

Angus (celta). El elegido, fortaleza única.

Aniano (griego). Está triste y afligido.

Anías (hebreo). Dios contesta.

Aníbal (púnico). El que posee la gracia de Dios.

Aniceto o **Anicet** (griego). Hombre invencible, de gran fuerza.

Anieli (griego). Varonil.

Anker (griego). Varonil.

Anlon (desconocido). Gran campeón.

Anoki (aborigen: indoamericano). Un actor.

Ansaldo (germánico). El que representa a Dios, Dios está con él.

Ansel (francés). Sirviente.

Anselmo (germánico). El protegido de Dios.

Ansley (inglés). Del pasto en la tierra de los nobles.

Antenor (griego). El que combate.

Antígono (griego). Que se destaca entre todos sus semejantes.

Antipas (griego). Es el enemigo de todos, contrario a todos.

Antón. Forma reducida de Antonio.

Antonio, Antonino o **Antolín** (griego). Floreciente, bello como una flor. Variantes: **Anthony** (inglés), **Antoshika** (ruso).

Anubis (egipcio). Gran chacal.

Anwar (africano). El más brillante.

Aparicio (latino). Alude a las apariciones de la virgen en distintas etapas.

Apeles (griego). Que está en lugar sagrado.

Apolinar, Apolinario, Apólito o **Apolonio** (latino). Dedicado al dios Apolo.

Apolo (griego). Dios de la medicina, de la poesía, de la guerra y de la música. Su nombre significa "el que da vida y ahuyenta el mal" o "un solo dios".

Aquiles (griego). El que consuela en el

dolor. Variante: Achill (alemán).

Aquilino (latino). Agudo como un águila.

Ara (árabe). Altar en el que se ofrecen sacrificios o piedra consagrada al altar.

Arador (latino). Campesino, labrador. Variante: Arator.

Aram, Arami o Aramis (armenio). Uno de los hijos de Sem, fundador del pueblo de los arameos en Siria y Mesopotamia.

Arandú (aborigen: guaraní). El que escucha cosas del cielo. Con esta palabra se denominaba al curandero en las tribus guaraníes. Debe acompañarse con otro nombre que indique sexo.

Arapey (aborigen: guaraní). Camalote.

Arcadio (griego). Natural de Arcadia, región de la antigua Grecia que era sede, según la tradición, de la felicidad y la inocencia.

Arcángel (griego). El príncipe de los ángeles.

Archer (alemán). Ballestero.

Archibald o Archibaldo (germánico). El muy intrépido. Variantes: Archie.

Arden (inglés). Águila del valle.

Ardon (hebreo). Bronce.

Arduino (germánico). El que ayuda a los amigos.

Ares (griego). Dios de la guerra.

Argenis (griego). El que tiene gran blancura.

Argentino o Argento (latino). Resplandece como la plata.

Argimiro (griego). Cuidadoso, vigilante. Variante: Argus.

Ari. Variante de Aristóteles.

Ariano (griego). Relativo o consagrado a Ares, el dios de la guerra. Variante: Arián.

Ariel (hebreo). El león de Dios.

Arion (griego). Músico.

Aristarco (griego). El mejor de los príncipes.

Aristeo (griego). El destacado, el sobresaliente.

Arístides (griego). El mejor de todos.

Aristo (griego). Mejor.

Aristóbulo (griego). El gran consejero.

Aristocles (griego). El que posee la mayor gloria.

Aristóteles (griego). El que tiene nobles propósitos. Variante: Ary.

Aritófanes (griego). El que se muestra mejor.

Arkin (escandinavo). Hijo eterno del rey.

Arlen (celta). Promesa.

Arley (latino). El hombre con arco.

Arlo (inglés). Loma.

Armando o Armand (germánico). Hombre de la Armada. Variante: Armande (francés).

Armentario o Armen (griego). Pastor de ganado.

Armon (hebreo). Castillo.

Arnaldo (germánico). Que protege y vigila desde lo alto.

Arne (escandinavo). Águila.

Arnold (alemán). Poder de águila. Variante: Arnie.

Arnoldo. Variante de Arnaldo.

Arnon (hebreo). Arroyo.

Arnulfo (germánico). El que es fuerte y agudo como el águila. Variante: Anolfo.

Aron (hebreo). Ilustrado.

Arquelao (griego). Gobernante de su pueblo.

Arquímedes (griego). Pensador profundo.

Arsen (griego). Fuerte.

Arsenio (griego). Varonil y vigoroso.

Artemio (griego). Íntegro, intacto.

Arturo o Arthur (celta). El guardián de la Osa (por la estrella de ese nombre en la constelación del Boyero, próxima a la Osa Mayor). Variante: Artie.

Asa (hebreo). El que sana, médico, da salud.

Asael (hebreo). Lo hecho por Dios.

Asaf (hebreo). El escogido por Dios.

Ascensión. Referido a la ascensión de Cristo. Debe acompañarse con otro nombre que indique sexo.

Asdrúbal (púnico). El que está protegido por Dios.

Aser (hebreo). Nombre de un hijo de Jacob.

Asher (hebreo). Suerte, bendito, feliz.

Ashford (inglés). Habitante del robledo.

Ashlan (inglés). De la pradera de árboles de fresno.

Ashling (desconocido). Sueño, visión.

Ashtar (árabe). Príncipe de las estrellas.

Astolfo (griego). El que auxilia con su lanza.

Astor. Variante de Astolfo.

Atahualpa (quechua). Ave de la fortuna.

Athan (griego). Inmortal.

Atherton (inglés). Habitante de la hacienda de primavera.

Athos (griego). Nombre de una península y un monte en Grecia.

Atila (germánico). El padre. Variante: Atilano.

Atilio (latino). El favorito del abuelo.

Atzin (aborigen: nahuatl). Agüita.

Aubrey (francés). Variante de Avery.

Audomaro (griego). Famoso por su riqueza.

Audric (francés). Gobernador viejo y sabio.

Audun (escandinavo). Desertado.

Augusto (latino). El que merece fama.

Aunden (inglés). Viejo amigo.

Aureliano. Variante de Aurelio.

Aurelio (latino). Que tiene el valor del oro. Variante: Aurele (francés).

Austin (latino). Dignidad majestuosa.

Austin (inglés). Variante de Agustín.

Auxano (griego). El que crece.

Avelino (latino). El que nació en Avella, Italia.

Avery (inglés). Gobernador de los duendes.

Axel. Variante de Absalón (hebreo) y de Ángel (gallego).

Ayax (griego). Nombre de dos guerreros de la Ilíada.

Ayrton. Variante de Aitor.

Azanías (hebreo). Dios lo oye.

Azarías (hebreo). El Señor me sostiene y me guía.

Azariel (hebreo). El que domina las aguas.

Azas (hebreo). Fuerte.

Azize (turco). Precioso.

Azrael (hebreo). La ayuda de Dios.

Azul (árabe). Del color del cielo sin nubes. Este nombre debe ir acompañado por otro que indique sexo.

MIS FAVORITOS CON A

En la numerología equivale al 2,
principio de la dualidad y la diversidad.
La bondad de la B equilibra las fuerzas opuestas.
Es muy sensible, y tiene un gran sentido del ritmo.

B:BEORC

Significa "abedul" y está asociada con el renacimiento que traen la primavera y el amanecer de cada día. Es la runa del despertar a lo sagrado y a las fuerzas nutritivas de la vida. Tanto en mujeres como en hombres, esta letra irradia instinto maternal, de cuidado al prójimo y contención afectiva. Entre sus poderes mágicos está el de encaminar el pensamiento por sendas positivas, concentrando la atención en el momento presente y conociendo la importancia de cada ciclo.

MUJERES

Bahía (afrobrasileño). Estado del norte de Brasil, que tiene a San Salvador como capital.

Bahiana (afrobrasileño). Nacida en Bahía.

Bárbara (griego). La que vino de afuera, la extranjera. Variantes: Bab (diminutivo inglés), Babbete (diminutivo francés), Babs, Barbie.

Basemat (hebreo). Bálsamo.

Basilia (griego). Femenino de Basilio: gobernante, rey. Variante: Basila.

Batilde (germánico). La que lucha.

Baudilia (teutón). Femenino de Baudileo, audaz y valeroso.

Beata (latino). Bendita, afortunada.

Beatriz (latino). La que hace la alegría, da placer y felicidad. Nombre de la amada de Dante Alighieri, inspiradora de "La Divina Comedia". Variantes: Beatrice (francés), Beatriz (inglés), Beatrix, Beattie, Bee (diminutivos).

Begoña (vasco). El lugar del cerro dominante. Advocación vasca de la virgen de Santa María de Begoña en Bilbao, España.

Begonia (francés). nombre de una flor americana creada por el botánico francés Plumier en honor de Begon, intendente de Santo Domingo.

Belén (hebreo). Su significado es "casa de pan". El lugar de Israel donde nació Jesús. Debe ir acompañado de otro nombre que indique sexo.

Belinda (latino). La atractiva.

Belisa (latino). La más esbelta.

Belisaria (griego). Femenino de Belisario, el diestro flechador, fuerte arrojador de saetas.

Bella (hebreo). La dueña de la belleza. Se considera también variante de Isabel y de Elisabet. Es diminutivo de Isabella. Variante: Bela (gallego).

Benedicta (latino). Bendecida por Dios. Variantes: Benedeta (italiano), Benita (español).

Benigna (latino). Amable, bondadosa con las personas, humanitaria.

Benilda (germánico). La que lucha con los osos. Santa Benilda: anciana cordobesa martirizada por los musulmanes a mediados del siglo IX. Variante: Benilde.

Benita (latino). Contracción española de Benedicto. San Benito de Nursia: patriarca de los monjes de Occidente.

Berenice (griego). La que lleva a la victoria. Nombre de una hermana de Cleopatra y de varias reinas del oriente alejandrino. Variantes: Berènice (francés), Bernice (inglés).

Berna (germánico). Temeraria.

Bernabela (hebreo). Es el femenino de Bernabé (hijo de la profecía).

Bernarda (germánico). Guerrera, valiente y audaz. Variantes: Bernabella, Bernardina, Bernardita, Bernadette (vidente de Lourdes, Francia, a quien se le apareció la virgen, canonizada en 1933).

Beronike. Variante vasca de Verónica.

Berta (germánico). Brillante, famosa. Variantes: Bertha (inglés), Bertila (diminutivo).

B

Bertilda (germánico). La que combate, la ilustre.

Bessie. Diminutivo inglés de Elizabeth.

Betania (hebreo). Nombre de una aldea de la antigua Palestina. La casa del pobre.

Betiana (latino). Natural de Betia. Variante de Isabel. Variantes: Betina, Bettina.

Betsabé (hebreo). La hija del juramento, esposa de David y madre de Salomón. La séptima hija. Variante: Bathsheba (inglés).

Betsy. Diminutivo inglés de Elizabeth.

Betty. Diminutivo inglés de Elizabeth.

Bianca. Forma italiana de Blanca.

Bibiana. Variación gráfica de Viviana: la pequeña. Santa virgen y mártir romana del siglo IV. Variantes: Vivien (inglés), Vivienne (francés).

Bienvenida (latino). La que es bien recibida.

Blanca (germánico). Brillante, límpida, noble. Variantes: Bianca (italiano), Blanche (francés), Blanka (alemán), Branka (portugués).

Blandina (latino). Tierna, agradable.

Bona (latino). Buena.

Bonanova (latino). Buena nueva.

Bonfilia (italiano). Buena hija.

Bonifacia (italiano). Benefactora.

Braulia (teutón). Resplandeciente.

Brenda (doble origen). Germánico: la que lleva la antorcha. Inglés: la espada. Femenino de Brand. Heroína de la novela "El Pirata", de Walter Scott.

Brígida (celta). Fuerte, victoriosa. Nombre de la diosa celta del fuego. Santa Brígida es la patrona de Irlanda. Variantes: Birgitta (sueco), Bridget (inglés), Brigitte (francés).

Briseida (griego). Hija de Brises, sacerdote de Apolo en la ciudad de Lirnes.

Bruna (latino). Femenino de Bruno. De tez morena. Variantes: Brunella, Brunela (italiano, diminutivos).

Brunilda (germánico). La coraza en la batalla. Nombre de la heroína de la ópera de Wagner "La Valquiria" (1870).

Buenaventura (español). La que desea suerte y alegría a los demás.

MIS FAVORITOS CON B

- 30 -

VARONES

Baal (caldeo). Dominador de un territorio. Dueño y señor.

Baba (africano). Nacido un jueves.

Baco (griego). Mitología romana: dios del vino. Variante: Bacchus (francés).

Bahari (africano). Hombre del mar.

Bailey (alemán). Capaz.

Bainbridge (irlandés). Puente.

Bakari (swahili). Promesa.

Balbo (latino). Inarticulado.

Balbo o Balbino (latino). El que balbucea, habla balbuceando.

Balder (escandinavo). Dios de la luz.

Baldomero, Valdemar o Waldemar (germánico). Luchador famoso.

Baldovino (germánico). El amigo intrépido. Variantes: Balduino, Baldovín (español), Baldwin (inglés).

Bali o Balin (hindú). Guerrero poderoso.

Balint (latino). Fuerte y saludable.

Ballard (alemán). Canción para bailar.

Baltasar (asirio). Protegido por Dios. Variante: Balthasar (alemán).

Bambi (italiano). Niño.

Barclay (inglés). De la pradera de árboles de abedul.

Barika (swahili). Florecer.

Baris (turco). Lleno de paz.

Barlaan (hebreo). Hijo del pueblo.

Barnabás (hebreo). Hijo de profeta.

Barnett (inglés). Hombre noble.

Barney (hebreo). Variante de Bernard. Variante: Barny.

Barnie (inglés). Diminutivo de Bernardo.

Baron (inglés). Hombre noble.

Barrett (alemán). Como oso.

Barry (francés). Habitante de la barrera.

Bart, Bartie o Bartley (inglés). Diminutivo de Bartolomé.

Bartolomé (nombre hebreo procedente de adaptaciones del asirio y del arameo). Hijo de Talmai, hijo que detiene las aguas. Variantes: Bartelemy (francés), Bartolo.

Barton (inglés). De la hacienda de cebada.

Baruc (hebreo). El bendito por Dios. Variante: Baruj.

Basha (griego). Extraño.

Basilio (griego). Rey, soberano. Variantes: Basil (inglés), Basileo.

Bastien (francés). Variante de Sebastián.

Baudilio (teutón). Es audaz y valeroso.

Bautista (griego). Aquel que bautiza.

Bayo (nigeriano). Encontrar alegría.

Beagan (celta). El pequeño.

Beaman (inglés). Guardián de abejas.

Beato (latino). Feliz, bienaventurado. Variante: Beat.

Beda (teutón). El que ordena y dispone.

Bel (hindú). Manzano sagrado.

Bela (húngaro). Variante de Alberto.

Beldon (inglés). Hijo del valle intacto.

Belén (hebreo). Casa de pan. Debe acompañarse con otro que indique sexo.

Belisario (griego). El que arroja saetas con capacidad.

Belmiro (germánico). El ilustre guerrero.

Beltrán (germánico). Que lleva un escudo refulgente.

Ben (árabe). El hijo.

Benedicto (latino). El bendito por Dios.

B

Variante: Benito.

Benet (catalán). Variante de Benito.

Benicio (latino). Amigo de cabalgar.

Benito (latino). El bien nombrado.

Benjamín (hebreo). El hijo preferido.

Bennie o Benny (inglés). Diminutivo de Benjamín.

Benon (germánico). Forma simpática de Bernardo. Variante: Benonio.

Berk (turco). Sólido y firme.

Berkeley (inglés). De la pradera de abedul.

Bernabé o Bernabeu (hebreo). Hijo de la profecía.

Bernardino. Variante de Bernardo.

Bernardo (germánico). Temerario como un oso.

Bert (inglés). Brillante.

Bertoldo (germánico). El jefe espléndido.

Bertrán. Variante de Beltrán.

Bevan (celta). Guerrero joven.

Bialy (polaco). Niño de cabellos blancos.

Bian (vietnamita). Callado, escondido.

Bibiano (latino). Hombre pequeño.

Bill (inglés). Diminutivo de Guillermo.

Birtle (inglés). Loma con pájaros.

Blade (inglés). Gloria.

Blaine (celta). Delgado.

Blake (inglés). Oscuro.

Blas (griego). El que balbucea.

Bly (indoamericano). Alto.

Blythe (inglés). Alegre.

Bob o Bobby (inglés). Diminutivo de Roberto.

Boden (francés). Heraldo.

Bogart (francés). Fuerte como un arco.

Boleslao (eslavo). El más glorioso de los gloriosos.

Bolton (inglés). De la hacienda.

Bond (inglés). Agricultor.

Bonifacio (latino). El que hace bien a todos. Variante: Bonifaci (catalán).

Booker (inglés). Árbol de haya.

Boone (francés). Bueno.

Borden (inglés). Del valle del jabalí.

Boris (eslavo). Luchador, gran oso.

Bowie (celta). De cabello amarillo.

Boyce (francés). Del bosque.

Boyd (celta). Amarillo, rubio.

Bracha (hebreo). Una bendición.

Brad (inglés). Extenso.

Braden (inglés). Del valle ancho.

Bradford (inglés). Cruce extenso.

Bradley o Bradney (inglés). De la pradera extensa.

Brady (inglés). Isla extensa.

Bran o Bram (irlandés). Voraz.

Branco o Branko (germánico). Blanco.

Brand (escandinavo). Espada.

Brandon o Brandán (celta). Olor. Variante: Brendano.

Braulio (germánico). El que resplandece.

Brentan (inglés). Loma empinada.

Brian (celta). El fuerte.

Bricio (celta). Representa la fuerza.

Bruno (latino). El de piel morena. Variantes: Bru, Britanic (catalán).

Buenaventura (latino). El que augura alegría.

MIS FAVORITOS CON B

En la numerología equivale al 3
símbolo de la creación. La C es confiable, habladora
y hábil para relacionarse.
Se lleva bien con la literatura, la música y las artes.

C:KENAZ

Significa "antorcha". Representa el
fuego controlado por la
humanidad. Otorga capacidad
de adquirir sabiduría técnica
y de aprender para
luego poner en práctica.
Da conocimiento combinado
con habilidad a quienes la tengan
en su nombre.
Es la runa de los artistas y de los
artesanos. Su atributo es la pasión
como energía disparadora de
creatividad. Como símbolo
mágico representa la capacidad de
concentrarse en lo positivo.

MUJERES

Cadence (latino). Melodioso.

Cala (doble origen). Latino: planta acuática de color blanco, con hojas de pecíolos largos y espádice amarillo. Árabe: castillo.

Calandia (griego). Alondra.

Caledonia (latino). De Escocia.

Calíope (griego). De voz hermosa. En la mitología, una de las musas, madre de Orfeo.

Calista (griego). Más bella, hermosa, purísima. Mártir de Siracusa. Variante: Calixta.

Camelia (latino). Flor traída a Occidente de las Filipinas, por un jesuita llamado Camel, a fines del siglo XVII.

Camila (latino). La que está presente en Dios. En la mitología latina, joven salvaje y aguerrida que tomó parte en la lucha contra Eneas. Variante: Camille (francés).

Candace (latino). Resplandeciente. Variantes: Candi, Candie, Candiss.

Candela (latino). Estar candente, brillante. Vela. Diminutivo de Candelaria.

Candelaria (latino). La que resplandece y brilla. Nombre católico que se daba tradicionalmente a las niñas nacidas el día en que se celebra la purificación de la Virgen y se hace una procesión con candelas benditas. Variantes: Candela, Candie.

Cándida (latino). Pura, blanca, inmaculada. Femenino de Cándido. Variante: Candice (inglés).

Candra (latino). Luminosa.

Canela (latino). Exquisita. Nombre de una planta aromática y del color de su corteza seca.

Capitolina (latino). La que habita entre los dioses.

Cara (latino). Querida.

Caren. Variante de Catalina.

Caridad (latino). Amor, afecto, ternura hacia los demás. Una de las virtudes teologales. Santa Caridad, mártir del siglo II.

Carina (latino). La muy amada, a la que se tiene gran estima.

Carisa (griego). Es la belleza y la amabilidad.

Carla (latino). Fuerte, vigorosa. Femenino italiano de Carlos. Variantes: Carlota (español), Carlina (diminutivo de Carla), Carol, Carola, Carolina, Charlotte (francés).

Carlota. Femenino español de Carlos.

Carmela (hebreo). Femenino de Carmelo, el que es como una espiga tierna. La viña de Dios.

Carmen (hebreo). La del campo cultivado. El origen de este nombre es el monte Carmelo de Palestina (Karmel: jardín). Variantes: Carmina, Carmiña.

Carmín (francés). Rojo encendido. Debe acompañarse con otro nombre que indique sexo.

Carmine (latino). Canción.

Carmiña. Variante de Carmen.

Carol (inglés). Canción, melodía.

Carola. Una de las formas femeninas de Carlos.

Carolina (latino). Noble, femenina, libre de vínculos feudales.

Carysa (griego). Bella y amable.

Casandra (griego). Cortejada por los hombres. Hija de Príamo de Hecuba, esta princesa poseía el don de la profecía, pero fue castigada por rechazar al dios Apolo, de manera que nadie creía en sus vaticinios. Variantes: Cassandra, Cassandre (francés).

Casia (latino). Femenino de Casiano, el que va provisto de yelmo. Variante: Casiana.

Casilda (árabe). Virgen portadora de la lanza. Santa Casilda fue una virgen española de Burgos.

Casimira (eslavo). La que predica la paz.

Casta (griego). Manantial de pureza. Variante: Castalia.

Catalina (griego). Pura, inmaculada. Variantes: Caren, Catalin (vasco), Caterina (italiano), Catherina, Catherine (francés), Katerina (latino).

Cayetana (latino). Alegre. La que viene de Gaeta, ciudad italiana de la región del Lacio.

Cecile. Forma francesa de Cecilia.

Cecilia (latino). Pequeña y ciega. Santa Cecilia, virgen y mártir del siglo II, patrona de la música. Variantes: Cecil, Cecile (francés), Cecily (celta).

Ceferina (germánico). Acaricia como viento suave.

Celedonia (latino). Golondrina. Variante: Celidonia.

Celena (latino). Luz nocturna. Variante: Celene.

Celerina (latino). La más rápida.

Celeste (latino). Celestial. Del color del cielo. Diosa púnica que los griegos llamaron Urania.

Celestina (latino). Habitante del cielo. Variante: Celestine.

Celia (latino). La que vino del cielo. Variantes: Célica, Celina.

Celina (latino). Derivado de Celia. Variantes: Celide, Celine (francés).

Celinda (griego). Siempre de buen ánimo.

Celmira (árabe). La brillante. Variante: Zelmira.

Celsa (latino). De altura espiritual.

Centola (árabe). La luz de la sabiduría.

Ceres (griego). Hija de Saturno y de Cibeles, diosa de la agricultura.

Cesárea (latino). La que desciende del César. Variantes: Cesira, Cesaria, Cesarina, Cesia (hebreo), Casta.

Chandra (sánscrito). Eminente, lustrosa. Luz de luna.

Chantal (francés). Originaria del Loire.

Charissa (griego). Gracia. Variante: Charisse.

Charlotte. Variante francesa de Carlota.

Charo. Diminutivo de Rosario.

Chaya (hebreo). Vida.

Chiara. Variante italiana de Clara.

Chloe (griego). Tierna como la hierba, la que reverdece. Variante: Cloé.

Christina. Variante inglesa de Cristina.

Christine. Variante alemana de Cristina.

Cibeles (griego). Diosa mitológica identificada con la madre de las diosas, fuente de la fecundidad.

Cielo (latino). La que es celestial.

Cindy. Variante de Cintia.

Cintia (griego). La que vino a pie desde la colina. Variantes: Cindy, Cinthia, Cinthya.

Cira (griego). Femenino de Ciro, el gran

rey o soberano. Variante: Cirila.

Circe (griego). En la mitología griega, la hija de Helio, hechicera que retuvo a Ulises durante años.

Cirenia (griego). Femenino de Cirineo. Natural de Cirene, Libia.

Clara (latino). La que es transparente y limpia. Variantes: Chiara (italiano), Claire (francés), Clare, Clarita, Clarisa.

Clarabella. Compuesto de Clara y Bella.

Clare. Variante inglesa de Clara.

Claribel. Variante de Clarabella.

Clarisa o **Clarissa**. Variante de Clara.

Claudette. Diminutivo francés de Claudia.

Claudia (latino). Femenino de Claudio, el que camina defectuoso, que renguea. Variantes: Claudina, Claudette.

Claudina. Diminutivo de Claudia.

Clea. Derivado de Cleo.

Clelia (latino). La gloriosa, la que espera gloria.

Clemencia (latino). Compasiva y moderada en su trato. Variante: Clementina.

Cleo (griego). Aclamar, celebrar. Variante: Cleofé.

Cleodora (griego). Representa el don de Dios.

Cleofe (griego). La que vislumbra la gloria.

Cleopatra (griego). La que es gloria de sus antepasados.

Clidia (griego). Agitada como el mar. Variante: Clide.

Clío (griego). La más famosa, conocida y célebre. Una de las nueve musas, considerada protectora de la poesía épica.

Clivia (germánico). Nombre de una antigua ciudad de Alemania.

Clodovea (teutón). Femenino de Clodoveo, ilustre guerrero lleno de sabiduría. Variantes: Clotilde, Clovis.

Cloe (griego). Variante de Chloe.

Clorinda (griego). Variante de Cloris.

Cloris (griego). Fresca, lozana, vital. Diosa griega de las flores. Variante: Clorinda.

Clotilde. Variante de Clodovea.

Clovis. Variante de Clodovea.

Coleta. Variante de Nicolaza. Variantes: Colette (francés), Nicolette.

Colomba (latino). Paloma.

Concepción (latino). Que concibe. Relativo al milagro virginal de la madre de Jesús.

Concordia (latino). La que trae la paz.

Consolación (latino). La que da consuelo y reconforta.

Constanza (latino). Variante de "constancia", firme, perseverante. Variantes: Constance, Costanza (italiano), Tancia.

Consuelo (latino). Que brinda alivio en la aflicción y la pena.

Cora (griego). Muchacha virgen, doncella. Variantes: Coralia, Corina.

Coral (latino). Piedrita, guijarro. Bella como el coral.

Cordelia (latino). La del pequeño corazón.

Corina. Derivado de Cora. Nombre de una poetisa griega del siglo V a.C. Seudónimo de la amante de Ovidio.

Cornelia (latino). Femenino de Cornelio, el que toca el cuerno en la batalla.

Covadonga. Advocación española de la Virgen María venerada en Asturias, cerca de la cueva en que Pelayo y sus hombres juraron conquistar España.

Cressida (griego). Oro.

Crimilda (germánico). La que combate con el yelmo.

Crispina (latino). Femenino de Crispín. De cabellos rizados.

Cristal. Variante de Cristina.

Cristel. Variante de Cristina.

Cristina (latino). De pensamiento claro. Variantes: Christina (inglés), Christine (alemán), Cristal, Cristel, Cristela, Cristal.

Cruz (latino). Refiere a la crucifixión de Cristo. Este nombre debe ir acompañado por otro que indique sexo.

Custodia (latino). Femenino de Custodio. Espíritu guardián, ángel de la guarda.

Cynthia. Variante inglesa de Cintia.

MIS FAVORITOS CON C

VARONES

Cadell (galés). Batallador.

Cadeo (vietnamita). Canción popular.

Cadmo (hebreo). El que vino del Este.

Caifas (asirio). Hombre de poco ánimo.

Caín (hebreo). El que forjó su propia lanza.

Caleb (hebreo). Impetuoso, perro guardián de Dios.

Calígula (latino). Que lleva sandalias.

Calímaco (griego). El buen luchador.

Calístrato (griego). Jefe de un gran ejército.

Calixto (griego). El mejor y el más bello.

Camilo (latino). Está presente en Dios. Variante: **Camil** (catalán). Debe ser acompañado por otro nombre que indique sexo.

Cancio (latino). Originario de la ciudad de Anzio.

Cándido (latino). El puro.

Cannan o **Canan** (hebreo). El humilde.

Carim (árabe). Generoso.

Carlo o **Carlos** (germánico). Fuerte, varonil. Variantes: **Carl** (alemán), **Carles** (catalán).

Carmelo (hebreo). El que es como una espiga tierna.

Carpo (griego). Fruto valioso.

Casandro (griego). El hermano del héroe.

Casiano (latino). Que va provisto de yelmo. Variante: **Casio**.

Casildo (árabe). El mancebo que lleva la lanza.

Casimiro (eslavo). Aquel que predica la paz.

Casto (griego). Puro, honesto, limpio.

Cástor (griego). Brillante.

Cataldo (griego). Sobresaliente en la guerra.

Catón (latino). El ingenioso. Variantes: **Cato**, **Cátulo**.

Cayetano (latino). Alegre. Variante: **Caitán** (gallego).

Cayo (latino). Alegre y divertido.

Cecilio (latino). Ciego.

Ceferino (griego). El que acaricia como el viento.

Celedonio (latino). Es como la golondrina.

Celerino (latino). Rápido.

Celestino (latino). Habitante del reino celestial.

Celio (latino). Oriundo de una colina de Roma. Celestial.

Celso (latino). Alto, elevado, noble.

Cencio (latino). Diminutivo de Vicente.

César (latino). Tiene dos etimologías posibles: "El que fue separado del vientre de su madre", y "de cabello largo y abundante".

Cesario o **Cesarión** (latino). Seguidor del César.

Chaltén (aborigen: tehuelche). Montaña que fuma.

Charles (francés e inglés). Forma de Carlos.

Chayton (aborigen: indoamericano). Halcón.

Cheche (africano). Cosa pequeña.

Chen (chino). Grande.

Chike (africano). Poder de Dios.

Chin (coreano). Preciado.

Chris (inglés). Diminutivo de Cristóbal.

Cid (árabe). El señor.

Cielo (griego). Firmamento. Debe acompañarse con otro nombre que indique sexo.

Cintio (griego). Que corre un peligro.

Cipriano (griego). El consagrado a Venus. Variantes: **Cibrán** (gallego), **Cyprien** (francés).

Ciríaco (griego). Que pertenece al Señor.

Cirineo (griego). Natural de Cirene, Libia.

Ciro (griego). El gran señor. Variantes: **Cirilo**, **Ciril** (catalán), **Cyril** (inglés), **Cyrille** (francés).

Ciset. Diminutivo de Narciso.

Claro (latino). El que es limpio y transparente.

Claudio o **Claudino** (latino). El que pertenece a la antigua familia romana de los Claudios. Variante: **Claus**.

Cleandro (griego). Hombre glorioso.

Clemente (latino). El que es compasivo y moderado en su trato.

Clementino. Diminutivo de Clemente.

Cleofas (griego). Es la gloria de su padre.

Cleto (griego). El que fue escogido para combatir.

Clio (griego). El que celebra.

Clodoveo o **Clovis** (teutón). Ilustre guerrero lleno de sabiduría.

Clorindo (griego). El que es como la hierba.

Clyde (galés). Que se oye en la distancia.

Colin. Diminutivo francés de Nicolás.

Colon (latino). El que tiene la belleza de una paloma.

Conrad o **Conrado** (germánico). El que da consejos, el valiente.

Constancio (latino). El perseverante.

Constantino. Variante de Constancio.

Cornelio (latino). El que toca el cuerno en la batalla.

Corrado. Variante italiana de Conrado.

Cosme (griego). El adornado. Variante: **Cosimus** (italiano).

Crispín o **Crispo** (latino). De cabellos rizados, enrulados.

Crisipo (griego). Caballo de oro.

Crisóforo (griego). Da consejos que tienen valor.

Crisol (catalán). Lámpara.

Crisólogo (griego). El que da consejos que son como el oro.

Cristián, **Cristhian**, **Christian** o **Cristiano** (latino). El que sigue a Cristo.

Cristo (griego). Por el Mesías.

Cristóbal (griego). El que lleva a Cristo consigo. Variante: **Christopher** (inglés).

Cruz o **de la Cruz** (latino). Voz que alude a la crucifixión de Cristo. Debe acompañarse con otro nombre que indique sexo.

Cuasimodo (latino). El que es igual a un niño.

Cunibaldo (griego). De noble cuna.

Cupido (griego). Dios del amor, hijo de Venus.

Custodio (latino). Ángel guardián.

MIS FAVORITOS CON C

En la numerología equivale al 4,
la sal de la tierra. La D ama el discernimiento,
la disciplina y el trabajo. Es paciente y responsable.

D:DAGAZ

Literalmente significa "la luz
del día", y se la asocia con
los poderosos momentos del alba
y del ocaso, del amanecer
y el crepúsculo. Es la runa del
despertar completo. Representa
el fuego ritual del hogar y la luz
que deriva de las operaciones
mágicas rúnicas. Otorga a quien
la tenga en su nombre un vínculo
estrecho con los movimientos
celestes, armonía con los ciclos
cósmicos y capacidad de visión
histórica. En magia se la utiliza
para descubrir y desvelar los
misterios ocultos, y trascender
las apariencias para ver la verdad
detrás de ellas.

Dabria (latino). Nombre de un ángel.

Dacia (latino). La que vive en Dacia, antigua ciudad romana.

Dafna (griego). Forma de Daphne. Variante: Daff, Dafne.

Dagma (germánico). La habitante del valle.

Dagmar (escandinavo). Alegría del Danes.

Dahra (hebreo). Perla de sabiduría.

Daiana. Variante gráfica de Diana. Variante: Dayanna.

Daira (griego). Llena de sabiduría.

Daisy (inglés). Margarita.

Dalia (latino). Hermosa como la flor originaria de México, cuyo nombre proviene del botánico Dahl.

Dalila (hebreo). De piel delicada. En la Biblia, cortesana de Gaza, amante de Sansón, a quien le hizo cortar el pelo para que perdiera la fuerza. Variante: Dalina.

Dalinda. Variante de Delia.

Dalma. Variante de Dalmacia.

Dalmacia (latino). Oriunda de Dalmacia (región occidental de los Balcanes). Es el femenino de Dalmacio. Variante: Dalma.

Dalmira (germánico). Ilustre por su linaje.

Damara (griego). Niña suave.

Damaris (griego). Mansa, sumisa. Mujer casada.

Damasia (griego). La domadora.

Damia (griego). Pueblo.

Damiana (griego). La que surgió del pueblo.

Damita (español). Bebé princesa.

Dana (hebreo). La que sabe juzgar. Variantes: Danah, Dane.

Dánae (griego). Personaje de la mitología griega de quien Zeus estaba profundamente enamorado, al punto de convertirse en lluvia de oro para penetrar en la torre donde ella estaba encerrada.

Daniela (hebreo). Femenino de Daniel: "Dios es mi juez". Variantes: Dani, Dania, Daniele (francés), Danila (eslavo), Danisa, Danny, Dara, Dina.

Danika (eslavo). Estrella de la mañana.

Danisa. Variante de Daniela.

Daphne (griego). Coronada de laureles. Variantes: Daff, Dafna, Dafne.

Dara (hebreo). Perla de sabiduría.

Daria (persa). Como una reina. Femenino de Darío, el protector.

Darla (inglés). Querida, amada. Variantes: Darlen, Daryl.

Dasha (griego). Regalo de Dios.

Davida (hebreo). Amada. Femenino de David. Variantes: Davan, Davina, Davine.

Daya (hebreo). Pájaro.

Dayanira (griego). La que despierta grandes pasiones.

Dayanna (latino). Variante de Diana. Variante: Dayan.

Deandra (latino). Divina.

Déborah (hebreo). La que es trabajadora como una abeja. Variantes: Debbie, Debora, Debra (inglés), Devora, Devorah.

Deidamia (griego). La que es paciente al combatir.

Dejanira (griego). Destructora de hombres.

Deka (griego). Agradable.

Delfina (latino). Femenino de Delfín.

Juguetona. Variante: Delphine (francés).

Delia (griego). Nacida en la isla de Delos. La divina.

Delicia (latino). La que es muy agradable y delicada.

Delilah (hebreo). Delicada.

Delma. Variante de Edelmira.

Demetria (griego). Alude a Deméter, diosa de la tierra, las cosechas y la fecundidad.

Denis (griego). Variante de Dionisia. Variantes: Denisa, Denise, Denisse.

Deolinda. Variante de Teodolinda.

Deonilde (germánico). La que combate.

Derora (hebreo). Riachos caudalosos.

Desdémona (griego). La desdichada, la desposeída. Heroína de Otello, drama de Shakespeare.

Desideria (latino). La que es deseada. Variante: Desirée (francés).

Devi (hindú). Que vive en el cielo.

Devota (latino). Consagrada a Dios.

Diana (griego). Llena de luz, divina, brillante. Equivalente romano a la diosa griega Artemisa. Variantes: Daiana, Dayanna, Dyan, Dyanne.

Dianthe (griego). Flor divina.

Diella (latino). Que adora a Dios.

Digna (latino). La que es merecedora.

Dimpna (irlandés). Ciervo pequeño, venadito.

Dina (hebreo). La juzgada. Variante de Daniela. Variante: Dinah (inglés).

Dinora (arameo). Personifica la luz. Variante: Dinorah.

Diomira. Variante de Teodomira.

Dionisia (griego). Femenino de Dionisio. Consagrada a Dios ante la adversidad. Variantes: Denis, Denisa, Denise, Denisse.

Disa (escandinavo). De espíritu activo.

Divina (latino). La que pertenece a Dios. Alude a la Divina Providencia. Variantes: Diva, Divna.

Dolly. Diminutivo inglés de Dorotea.

Dolores (latino). Mujer de los lamentos. Hace alusión a los dolores de la Virgen María. Variante: Delores.

Doménica. Variante italiana de Domínica.

Domikene. Variante vasca de Domínica.

Dominga (latino). Femenino de Domingo. El día del Señor, perteneciente al Señor.

Domínica (latino). Que pertenece a la orden de las domínicas. La que pertenece al Señor. Variantes: Domenica (italiano), Domikene (vasco), Dominique (francés).

Domitila (latino). La que ama su casa.

Donata. Forma italiana de Dorotea. Variantes: Donatella, Donatila.

Donina (latino). Don de Dios, regalo de Dios.

Donna (italiano). Mujer. Variantes: Dona, Donnica.

Donosa (latino). La que tiene gracia y donaire.

Dora, Dorina. Formas reducidas de Dorotea.

Doralisa. Compuesto de Dora y Lisa.

Dorana. Compuesto de Dora y Ana.

Dorcas (griego). Gacela.

Dorelia. Compuesto de Dora y Delia.

Doris (griego). La que nació en Sialos, de padres griegos.

Dorotea (griego). Regalo de Dios. Variantes: Donata (italiano), Dora, Dorina, Dorothy (inglés), Dot.

Drina (español). Defensora de la humanidad.

Drusila (latino). Fuerte, firme. Variantes:
Drew (francés), **Dru**.
Dulce (latino). Alude a la dulzura del
nombre de María.
Dulcinea (latino). Que tiene dulzura.
Dulcinea del Toboso, campesina
de Don Quijote de la Mancha, adorada
por el protagonista de la obra.
Duni (ruso). Colina.
Duscha (ruso). Espíritu divino.
Dyan, **Dyanne**. Variantes de Diana.

Nombres compuestos que deben
ir precedidos por otro nombre que
indique el sexo.
De la Cruz.
De la Paz.
De los Ángeles.
De Dios.
Del Carmen.
Del Corazón de Jesús.
Del Luján.
Del Milagro.
Del Pilar.
Del Rosario.
Del Sagrado Corazón de Jesús.
Del Valle.

MIS FAVORITOS CON D

- 45 -

Dacio (latino). Oriundo de Dacia.

Dagoberto (germánico). Que resplandece como el Sol.

Dakota (aborigen: indoamericano). Amigo.

Dalmacio (latino). Oriundo de Dalmacia (región occidental de los Balcanes). Variante: Dalmazio (italiano).

Dalmiro (germánico). El ilustre por su nobleza.

Dámaso (griego). El hábil domador.

Damián o Demian (griego). El que surgió del pueblo. Variante: Demián.

Damocles (griego). Da gloria a su pueblo.

Dan (hebreo). El que sabe juzgar. Variante: Danel.

Daniel (hebreo). Dios es mi juez. Variantes: Dan, Danilo (eslavo), Danny (inglés), Day.

Dante (latino). El de carácter firme.

Dardo (griego). Astuto y hábil.

Darío (persa). El que protege contra el mal.

David (hebreo). Amado por Dios.

Day (inglés). Diminutivo de Daniel.

Dédalo (griego). El industrioso y hábil artesano.

Delfín (latino). El juguetón. Variante: Delfor.

Demetrio (griego). Forma masculina de Demetria, alusivo a Deméter, diosa de la tierra y de las cosechas. Variante: Dimitri.

Demócrito (griego). El juez del pueblo.

Demóstenes (griego). La fuerza del pueblo.

Denis o Dennis (griego). Forma francesa de Dionisio.

Deodato (latino). El que sirve a Dios.

Derek (alemán). Gobernante.

Desiderio o Desiderato (latino). El que es deseado. Variantes: Desiderius, Diderot, Didier (francés).

Deverell (galés). Del banco del río.

Dewey (galés). Amado.

Diallo (africano). Valiente.

Dick (inglés). Diminutivo de Ricardo.

Dídimo (griego). El hermano gemelo. Variante: Didio.

Diego (griego). El sabio. Muy instruido.

Dillan (galés). Fiel.

Dimas (griego). Camarada leal, compañero ejemplar.

Dino (hebreo). Representa a la justicia.

Diocles (griego). Gloria de Dios.

Diógenes (griego). El que vino al mundo por Dios.

Diómedes (griego). Que tiene fe en la protección de Dios.

Dion (griego). Dedicado a Dios. Variante: Dionel.

Dionisio (griego). El que se consagra a Dios en la adversidad. Variante: Dyonis (alemán).

Dióscoro (griego). El hijo de Júpiter.

Domicio (latino). El amante de su casa. Variante: Domiciano.

Domingo (latino). Que es del Señor. Variante: Domenec (catalán).

Donaldo o Donardo (celta). Que gobierna con audacia.

Donato (latino). Don de Dios.

Doroteo (griego). Regalo de Dios.

Douglas (celta). Azul oscuro.

Doyl o Doyel (celta). Extraño, oscuro. Debe acompañarse con otro nombre que indique sexo.

Dugen (vasco). Variante de Diógenes.

Duilio (latino). Listo para combatir.

Duncan (celta). Guerrero de piel oscura.

Dustin (teutón). El jefe muy duro.

Dylan (galés). Hijo del mar.

Nombres compuestos que deben ir precedidos por otro nombre que indique el sexo.

De los Ángeles.

De Dios.

De la Cruz.

De la Paz.

Del Carmen.

Del Corazón de Jesús.

Del Luján.

Del Milagro.

Del Pilar.

Del Rosario.

Del Sagrado Corazón de Jesús.

Del Valle.

MIS FAVORITOS CON D

Diego

En la numerología equivale al 5,
símbolo de la expansión y la libertad. La E es versátil,
social y mutable. Ama los viajes.

E:EHWAZ

Su traducción literal es "caballo",
y por eso, quienes la contienen
en su nombre tienen adjudicado
este animal como espíritu
de poder. Imprime velocidad,
dirección y fuerza a quien la lleve
en su nombre. Es la runa de la
confianza y la lealtad. La relación
espiritual que se desarrolla entre
un jinete y su caballo ilustra el
poder de esta runa. Entre sus usos
mágicos, augura buenas
relaciones sentimentales y un
buen matrimonio, ya que es el
símbolo de la relación ideal entre
el hombre y la mujer. También
se le adjudica sabiduría profética
y proyección del poder mágico.
Brinda agilidad mental,
emocional, espiritual y física.

MUJERES

Ebe (griego). Juvenil como una flor. Variante: Hebe.

Eber (germánico). Fuerte, aguerrida.

Eda (germánico). Santa batalla. Variante: Edda.

Edana (celta). Celosa, ardiente.

Edelburga (anglosajón). Amparo de la nobleza.

Edelia (griego). La que permanece joven. Variantes: Edilia, Edilma.

Edelmira (teutón). Femenino de Edelmiro. De noble estirpe, conocida por su nobleza. Variantes: Delma, Edelira, Edelma, Edeltruda.

Edelweiss (germánico). Nombre de una planta alpina.

Edén (hebreo). Deleite. Variante: Edna.

Edgarda (teutón). Femenino de Edgardo, el que defiende sus bienes y su tierra con lanza.

Edilia (griego). La agradable, la dulce.

Edit (germánico). Rica, que tiene posesiones y dominios. Variantes: Edita, Edith.

Edna (doble origen). Hebreo: deleite del Edén. Germánico: femenino de Edmundo, el que protege sus dominios.

Edria (hebreo). Poderosa.

Eduarda (teutón). Femenino de Eduardo, guardián atento de su feudo.

Edurne (vasco). Nieve.

Eduviges (teutón). Mujer luchadora. Variante: Eduvigis.

Egda (griego). Escudera.

Egeria (griego). La que da ánimo.

Egidia (griego). Femenino de Egidio, guerrero con escudo de piel de cabra.

Egipcíaca (latino). Antiguo remedio hecho de mieles y de flores.

Egle (griego). La que posee brillo y esplendor. En la mitología griega, la más bella de las Náyades, hija del Sol y madre de las gracias.

Eider (vasco). Variante de la palabra vasca "eder", que significa bella.

Eileen. Variante de Elena.

Eira (escandinavo). Diosa protectora de la salud.

Eirene (griego). Paz.

Ekaterina. Variante rusa de Catalina.

Ela (germánico). La noble. Variante: Ella.

Eladia (griego). Femenino de Eladio, el que vino de Grecia.

Elaine. Variante de Elena.

Elais (griego). Originaria de Elam, antigua ciudad de Asia.

Elal (aborigen: tehuelche). Nombre del héroe mítico Aónikenk. Debe acompañarse con otro nombre que indique sexo.

Elba (celta). Alta, la que viene de la montaña.

Elcira (teutón). De la nobleza. Variante de Alcira.

Elda (germánico). La que batalla. Variante: Helda.

Elea (griego). Habitante de Elea, antigua ciudad de Italia que fue la cuna de la filosofía griega.

Eleana. Variante de Eliana.

Electra (griego). Brillante, rubia y dorada como el Sol. En la mitología, la hija de

E

Agamenón y Clitemnestra, que ayudó a su hermano Orestes a vengar la muerte de su padre.

Elena (griego). Bella cual aurora, Sol al amanecer. Antorcha brillante y resplandeciente. Variantes: Elaine (francés), Ellen (inglés), Elin, Elina, Helen, Helena.

Eleodora (griego). Femenino de Eleodoro, como Elios-Sol. La que vino del Sol.

Eleonor (doble origen). Griego: compasiva, misericordiosa. Hebreo: Dios es como mi luz. Variantes: Eleonora, Leonor (italiano), Leonora.

Elia (griego). Como si fuera el Sol. Variantes: Eleana, Eliana, Eliane, Helia.

Eliana. Variante de Elia.

Elida (griego). La sublime. Natural del valle de Elide, región del Peloponeso donde se celebraban los Juegos Olímpicos. Variantes: Alida, Elide.

Elin. Variante de Elina.

Elina (griego). Pura. Derivado de Elena.

Elinda (teutón). Bella lancera.

Elis. Variante de Elisa.

Elisa (hebreo). Dios es mi juramento. Variante de Isabel. Variantes: Elis, Elisabet, Elisabeth, Eliza, Elizabet, Elizabeth (inglés), Elsa, Ely.

Elisea (hebreo). Femenino de Eliseo. Dios es salvación, protege mi salud.

Elma. Variante de Guillermina.

Elodia (teutón). Rica de la comarca. Nombre de una planta aromática.

Eloísa (germánico). Guerrera de fama.

Elpidia (griego). Femenino de Elpidio, el que espera con fe, vive esperanzado.

Elsa. Forma reducida de Elisa. Variante: Elsy.

Elsira. Variante de Alcira.

Elsy. Diminutivo de Elsa.

Elvia (latino). La que tiene los cabellos rubios. Nombre de la madre del filósofo Séneca. Variantes: Elvina, Helvia.

Elvira (germánico). La que es princesa.

Elvisa (teutón). Guerra famosa.

Ely (hebreo). Elevación.

Ema (germánico). Poderosa, universal. Variantes: Emma, Emna.

Emalia (latino). Coqueta.

Emanuela (hebreo). Dios está con nosotros.

Emelia o **Emelina** (griego). Armonía, talento, elegancia.

Emérita (latino). Aquella a quien Dios recompensa por sus virtudes. Variante: Emerenciana.

Emilia (latino). Femenino de Emilio. Trabajadora, audaz. Variantes: Emilce, Emile, Emilie, Emily (alemán).

Emiliana. Forma compuesta por Emilia y Ana.

Emilce. Variante de Emilia.

Emily. Forma inglesa de Emilia.

Emperatriz (latino). La que es soberana.

Ena (germánico). La que es prudente en la lucha.

Encarnación (latino). Alude a la encarnación de Jesús en su madre María, al misterio cristiano del Verbo que se hace Carne.

Endike. Variante vasca de Enriqueta.

Eneida (griego). Merecedora de alabanza. Poema de Virgilio.

Engracia (latino). La que vive en comunión con Dios.

Enriqueta (teutón). Femenino de Enrique, príncipe en su tierra, principal en su casa. Variante: Enrica.

Epifanía (latino). Ilustre, que despide luz brillante.

Ercilia (griego). La refugiada.

Erica (germánico). Princesa honorable. Variante: Erika.

Erin (gaélico). Paz.

Erlinda. Variante de Ermelinda.

Ermelinda (germánico). La que es muy dulce.

Erminia (teutón). La que es fuerte.

Erna. Variante de Irma.

Ernesta (germánico). Femenino de Ernesto. Grande, importante. Luchadora decidida a vencer. Variantes: Ernestina.

Ervina (germánico). Amiga del honor.

Escolástica (latino). La que sabe mucho y enseña. Santa del siglo VI, fundadora de la rama benedictina de mujeres, hermana de San Benito.

Eshe (egipcio). Vida.

Esmeralda (latino). La que irradia pureza y esperanza. Piedra preciosa verde y brillante. Variante: Emerald.

Esperanza (latino). Que confía en Dios, la que espera un cambio para bien. Variante: Esperance (francés).

Estefanía (griego). Coronada de gloria, victoriosa. Variantes: Stefanía, Stephanie.

Estela (latino). La estrella del alba. Variantes: Estelle (inglés), Essie, Stella.

Estelinda (teutón). La que es noble y da protección al pueblo.

Ester (hebreo). La estrella del alba. Variante: Esther.

Esterina (griego). La que es fuerte y vital.

Estrella (latino). La que es bella y virtuosa.

Etana (hebreo). Femenino de Etan, fuerte y firme.

Etel o Ethel. Forma reducida de Etelvina.

Etelinda (germánico). La noble que protege a su pueblo.

Etelvina (germánico). La que es amiga fiel y noble. Variantes: Etel, Ethel.

Eudosia (griego). La afamada, de muchos conocimientos. Variante: Eudoxia.

Eufemia (griego). La elocuente.

Eufrasia (griego). La que está llena de alegría. Santa de Alejandría que tomó los hábitos disfrazada de hombre.

Eugenia (griego). De noble nacimiento. Bien nacida. Variantes: Eugene, Yennie.

Eulalia (griego). La que habla bien. Variante: Olaya.

Eulogia (griego). Femenino de Eulogio, el que habla con elocuencia.

Eumelia (griego). La que canta bien.

Eunice (griego). La victoriosa. En la mitología, nombre de dos ninfas.

Eurídice (griego). La que con justicia da el ejemplo a los demás. En la mitología, la esposa de Orfeo, quien descendió a los infiernos y lo rescató.

Eusebia (griego). Respetuosa, piadosa.

Eva (hebreo). La que da vida. En la Biblia es el nombre de la primera mujer creada por Dios. Variantes: Evelina, Eveline, Evelyn. Variantes: Evelia, Evelina, Evelyn, Evette, Evita.

Evadne (griego). Ninfa del agua.

Evana. Compuesto de Eva y Ana.

Evangelina (griego). La que lleva la buena nueva.

Evarista (griego). Femenino de Evaristo, el excelente.

Evelia (hebreo). Luminosa. Variante de Eva.

Evodia (griego). Femenino de Evodio, el que siempre desea buen viaje.

E

Exal. Diminutivo de Exaltación.
Exaltación (latino). Glorificación.
Eyén (aborigen). Alba.

MIS FAVORITOS CON E

VARONES

Eber (hebreo). Del más allá.

Eberardo (germánico). Fuerte como un oso.

Ebo (teutón). El jabalí.

Ecio (latino). Poseedor de gran fuerza.

Eco (griego). Sonido, resonancia.

Edco (griego). El que sopla con fuerza.

Edelberto (teutón). Descendiente de nobles.

Edelio (griego). Persona que permanece siempre joven.

Edelmar. Variante de Adelmo.

Edelmiro (germánico). Célebre por la nobleza que representa.

Edgardo (germánico). Que defiende la propiedad con la lanza. Variante: Edgar.

Edilio (griego). Que es como una estatua.

Edipo (griego). Que tiene los pies hinchados.

Edmund o Edmundo (germánico). El que protege sus dominios.

Eduardo (germánico). Guardián de sus riquezas. Variante: Edward (inglés).

Efebo. (griego). Mancebo, adolescente.

Efraín o Efraim (hebreo). El que da frutos.

Efrén o Efreín. Variante de Efraín.

Egeo (griego). Relativo al mar Egeo. Nombre de un legendario rey de Atenas.

Egidio (griego). El que transporta en la batalla el escudo de piel de cabra.

Eilal (irlandés). Portador de luz.

Einar (escandinavo). Guerrero, líder.

Eitan (hebreo). Fuerte, firme.

Eladio (griego). El que vino de Grecia.

Elal (aborigen: tehuelche). Nombre del héroe mítico Aónikenk.

Elbio (celta). Que viene de la montaña.

Eleazar, Eliecer, Eliazar o Eliezer (hebreo). Dios es mi auxilio.

Elenio (griego). El que resplandece como el Sol. Es la forma masculina de Elena.

Eleodoro (griego). El que viene del Sol.

Eleuterio (griego). Que goza de libertad por lo honesto.

Elías (hebreo). Mi dios es Jehová.

Élido (griego). Proveniente de Élida.

Eliel (hebreo). El que se eleva hacia Dios.

Eligio (latino). El elegido por Dios. Variante: Ellis (francés).

Elihu (hebreo). Dios mismo.

Elio (latino). El que ama el aire.

Elisandro (griego). Variante de Lisandro. El libertador de hombres.

Eliseo (hebreo). Dios cuida de mi salud.

Elmer. Variante de Edelmiro.

Eloy. Variante de Eligio.

Elpidio (griego). El que tiene esperanzas.

Elvio (latino). El que es rubio.

Elvis (escandinavo). Todo sabio.

Emanuel (hebreo). Dios está con nosotros.

Emerio (latino). Que es recompensado por Dios.

Emeterio (griego). El que merece cariño.

Emigdio (griego). El que tiene la piel morena.

Emil (alemán). Industrioso.

Emiliano. Variante de Emilio. Variante: Emilian (francés).

Emilio (latino). El trabajador audaz.

Emillen (latino). Trabajador esforzado, laborioso.

E

Emir (árabe). Jefe, comandante.

Eneas (griego). Digno de alabanza.

Enoc o Henoch (hebreo). Consagrado a Dios.

Enon (hebreo). Muy fuerte.

Enos (hebreo). Hermano.

Enrique (germánico). Jefe de la casa. Variantes: Enric, Enrico.

Enzo. Forma reducida de nombres como Vicenzo y Lorenzo.

Eoin (galés). Guerrero joven.

Epicuro (griego). El que socorre y auxilia.

Epifanio (griego). El que despide brillo por su ilustración.

Erakil (vasco). Variante de Heraclio.

Erardo (griego). Que es agasajado, se le rinde homenaje.

Erasmo (griego). Amable con todos.

Erato (griego). Amable.

Erberto (teutón). El buen guerrero vigilante.

Eric o Erik. Forma reducida de Erico.

Erico o Eurico (germánico). El príncipe homenajeado por todos.

Ermelindo (teutón). Ofrece sacrificios a Dios .

Ernesto (germánico). Severo, grande, decidido.

Ernie. Diminutivo de Enrique.

Eros (griego). Amor.

Errolán (vasco). Variante de Roldán.

Erwin o Ervino (germánico). El que es consecuente con los honores.

Esaú (hebreo). Hombre peludo, velludo.

Escolástico (latino). Hombre que enseña todo lo que sabe.

Esculapio (griego). El médico.

Esdras (hebreo). Dios lo ayuda.

Esopo (griego). Que da buena suerte.

Espartaco (griego). El que siembra.

Essien (africano). Sexto hijo.

Estanislao (eslavo). La gloria de su pueblo.

Esteban (griego). Coronado de laureles. Variante: Ettiene (francés).

Etu (aborigen: indoamericano). Soleado.

Eufemio (griego). De buena fama.

Eugenio (griego). El de noble nacimiento. Variante: Eugen (alemán).

Eulalio (griego). Elocuente al hablar.

Eulogio (griego). Que dice bien, que es elocuente al hablar. Variantes: Eulogius (inglés).

Eusebio (griego). De buenos sentimientos.

Eustacio o Eustasio (griego). Sano y fuerte.

Eustaquio (griego). El que tiene muchas espigas de trigo.

Evangelino (griego). Lleva buenas nuevas.

Evaristo (griego). El excelente.

Evelio (hebreo). El que da vida.

Ezequías (hebreo). Aquel a quien Dios le dio fuerzas, tiene fuerza divina.

Ezequiel o Exequiel (hebreo). Dios es mi fuerza.

Ezer (hebreo). Ayuda divina.

Ezio (latino). Que posee nariz aguileña.

MIS FAVORITOS CON E

-
-
-

En la numerología equivale al 6,
fiel a la búsqueda del equilibrio y la armonía.
La F es humanitaria, responsable y tolerante.

F:FEHU

Este símbolo rúnico significa
ganado o dinero. A quien
la tenga en su nombre regala
sus usos mágicos, otorga
salud y prosperidad.
Augura buenos comienzos
y crecimiento positivo.
Entre las cualidades que se le
adjudican, sobresalen la
creatividad y la fertilidad. Brinda
la capacidad de reinvención de
uno mismo y el propio
renacimiento a lo largo de la vida.
Propicia los viajes, especialmente
por razones comerciales.

Fabia (latino). La que cultiva habas. Variantes: Fabiola, Favia.

Fabiana (latino). Que pertenece a la familia de Fabia.

Fabiola. Variante de Fabia. Santa Fabiola fue una matrona romana que vivió en el siglo IV.

Fabricia (latino). Femenino de Fabricio, el hijo de artesanos.

Facunda (latino). Femenino de Facundo, el orador elocuente.

Fani. Variante vasca de Estefanía.

Fanny. Bien coronada. Diminutivo inglés de Francisca.

Fantine (francés). Infantil.

Fara (doble origen). Latino: descendiente de los burgundios, la tribu bárbara que dio nombre a la región de la Borgoña, Francia. Persa y musulmán: antigua ciudad mesopotámica.

Farah (inglés). Bella. Variante: Farrah.

Farisa (africano). La que da felicidad.

Fátima (árabe). La hija única de Mahoma. La que desteta a los niños. Virgen de origen portugués, famosa por sus apariciones en Europa.

Fausta (latino). Femenino de Fausto, el hombre que tiene suerte. Afortunada. Variantes: Faustina, Faustine.

Fay (latino). Hada de los duendes. Variante: Faye (francés).

Fayina (ruso). Libre.

Fayruz (árabe). Turquesa.

Fe (latino). La que está en presencia de Dios. Variante: Faith (inglés).

Febe (griego). La resplandeciente. Diosa lunar en la mitología griega. Pagana cristiana, probable portadora de la carta de Pablo a los romanos. Variante: Febes.

Federica (germánico). Princesa de la Paz. Femenino de Federico, el pacífico, gobernante a favor del pueblo y la paz.

Fedora (germánico). Regalo divino.

Fedra (griego). La espléndida. En la mitología, la hija de Minos, esposa de Teseo, quien, enamorada de su hijastro Hipólito, causó su muerte y la propia. Personaje central de las obras de Eurípides.

Felicia (latino). Dichosa y afortunada. Variantes: Felicitas, Felicity (inglés), Felisa, Felcia (polaco).

Felicitas. Forma de Felicia. Variante: Felicity (inglés).

Felipa (griego). Femenino de Felipe, el amigo de los caballos.

Felisa. Variante de Felicia.

Fermina (latino). Femenino de Fermín, el constante y firme en la fe de Dios.

Fernanda (germánico). La guerrera que lucha por la paz. Femenino de Fernando.

Fiamma (italiano). La que tiene el brillo y el ardor de la llama.

Fidela o **Fidelia** (latino). Femenino de Fidel, el digno de confianza. Fiel.

Filis (griego). Adornada con hojas. En la mitología, princesa de Tracia enamorada de Camas, que murió esperando el regreso de su amado, transformada por Atenea en un almendro.

Filomena (griego). Amante del canto. En la mitología, la hija del rey de Atenas, que para huir de la muerte se convirtió en ruiseñor.

Filotea (griego). La que ama a los dioses.

Fina Forma abreviada de Josefina.

Fiona (celta). Limpia. Justa. De cabellera hermosa.

Fiorella (latino). Diminutivo italiano de Flor. Variantes: Fiore, Fiorel.

Flaminia (latino). Femenino de Flaminio. La que pertenece a la casta sacerdotal.

Flavia (latino). De color amarillo rojizo, dorado. Femenino de Flavio. Perteneciente a la antigua familia romana Flavia (de los rubios). Variantes: Flaviana, Flavina, Flavie (francés).

Flor (latino). Bella como una flor. Variantes: Fiore, Fiorel, Fiorella (italiano), Fleur (francés).

Flora (latino). La que brota lozanamente. Diosa de las flores. Variantes: Floriana, Florinda.

Florencia (latino). La que es bella como las flores y derrama su perfume.

Floriana (latino). Variante de Flora. Femenino de Florián.

Florinda (doble origen). Latino: la floreciente, variante de Flora. Germánico: el escudo del señor.

Fola (africano). Honor.

Fontana (francés). Fuente.

Fortuna (latino). Oportunidad. La diosa de la fortuna de los romanos (Fortunadea), que repartía la suerte.

Fortunata (latino). Próspera, afortunada, favorecida por la suerte.

Franca (germánico). Perteneciente a los francos, pueblo germánico que conquistó y dio nombre a Francia. Mujer libre. Variantes: Francia, Francine, Francisca.

Francesca. Forma italiana de Francisca.

Francine. Variante de Franca.

Francisca (germánico). Forma de Franca, proveniente de Francia. La que lleva el estandarte en la lucha. Variantes: Fran, Francesca (italiano), Francis.

Fredel (aborigen: azteca). Tú para siempre.

Fredeswinda (germánico). Amiga de la paz. Santa nacida en una familia de la nobleza, que fundó un monasterio en Oxford (Inglaterra) y se recluyó allí hasta su muerte.

Freya (eslavo). La diosa del amor. Mujer noble. Diosa de la fecundidad, el amor, la belleza y los muertos en la mitología escandinava. Variante: Freyra.

Frida (germánico). La que trae la paz. Variantes: Freda.

Frieda (escandinavo). Paz, alegría.

Fructuosa (latino). La que da frutos.

Fucsia. Arbusto con flores de color rojo oscuro, originario de América Meridional.

Fulvia (latino). La de cabellos rojos. Femenino de Fulvio.

Fusca (latino). Oscuridad, negrura.

MIS FAVORITOS CON F

- 60 -

Fabián (latino). Variante de Fabio.
Variante: Fabiano.
Fabio o **Favio** (latino). El cultivador de habas.
Fabricio (latino). El hijo del artesano.
Facundo (latino). El que dice discursos que convencen.
Falco (latino). Posee la vista aguda, ve de lejos como el halcón.
Fantino (latino). Infantil, inocente.
Fanuel (hebreo). Visión de Dios.
Faraón (egipcio). Residente del gran palacio.
Farid (árabe). Único.
Fausto (latino). Feliz, afortunado, próspero. Variante: Faust (catalán).
Febo o **Febe** (latino). El que brilla, el que resplandece.
Federico (germánico). Caudillo de la paz, jefe pacífico. Variantes: Federigo (italiano), Frederic (inglés), Friedrich (alemán).
Fedor (eslavo). Forma de Teodoro.
Fedro (griego). El hombre espléndido.
Feliciano. Variante de Félix.
Felipe (griego). Amigo de los caballos.
Felisardo (latino). Hombre valiente y hábil.
Félix (latino). Dichoso, afortunado.
Ferdinando (italiano). Variante de Fernando.
Fergus (irlandés). Hombre selecto.
Fermín (latino). El que es constante y firme.
Fernán. Forma reducida de Fernando.
Fernando (germánico). Protector, osado, atrevido. El guerrero audaz.
Fidel o **Filelio** (latino). El que es digno de confianza.
Filadelfo o **Filademo** (griego). Hombre que ama a sus hermanos.
Fileas (griego). El que ama entrañablemente.
Filemón (griego). Amigable, cariñoso.
Filiberto (germánico). Que tiene brillo. Variante: Filebert (catalán).
Fito. Diminutivo de Adolfo.
Flaminio (latino). Sacerdote, perteneciente a esa clase o casta.
Flavio o **Flaviano** (latino). Perteneciente a la antigua familia romana Flavia (de los rubios).
Floreal (latino). Alude al octavo mes del calendario de la Revolución Francesa.
Florencio o **Florentino** (latino). El que es bello como las flores y derrama su perfume.
Florián (latino). Fructífero. Forma masculina de Flora. Variante: Florio.
Floro (latino). Masculino de Flor.
Folco (teutón). Hombre del pueblo, perteneciente al pueblo.
Fortunato (latino). El afortunado.
Francis. Forma reducida de Francisco.
Francisco, Franco o **Frank** (germánico). El que lleva la lanza. Otro significado es "hombre libre", y según la variante latina, "el que vino de Francia". Variantes: Francesc Francesco (italiano).
Franco (germánico). Perteneciente a los francos (tribus de Germania que conquistaron las Galias en el siglo V y

F

dieron su nombre a Francia). Variante:
Frank (inglés).
Fred (inglés). Diminutivo de Federico.
Fritz (alemán). Diminutivo de Federico.
Froilán (germánico). Señor y amo.
Fructuoso (latino). Que da muchos frutos.
Frutos (latino). Fértil.
Fulgencio (latino). El que brilla y
resplandece por su bondad. Variante:
Fulxencio (gallego).
Fulvio (latino). El de cabellos rojizos.

MIS FAVORITOS CON F

En la numerología equivale al 7,
un dígito místico, espiritual y filosófico. La G es generadora,
llena de gracia, intuitiva y pensadora.

G : GYFU

Esta runa significa "regalo".
Quienes llevan este símbolo en su
nombre tienen habilidad para unir
a las personas, llegar a acuerdos
y soluciones que satisfacen a
todas las partes que participan de
un conflicto. Es la runa del amor
fraternal y la fuerza vital.
Su forma de cruz representa el
sacrificio de la individualidad en
beneficio del conjunto. Otorga
mucho poder a quien la utiliza,
ya que no existe el riesgo de que
éste sea mal empleado debido
al altruismo propio de su energía.

MUJERES

Gabina (latino). Oriunda de Gabio, la antigua ciudad cercana a Roma, donde, según la mitología, fue criado Rómulo. Femenino de Gabino.

Gabriela (hebreo). La que tiene la fuerza y el poder de Dios. Variantes: Gábriele (alemán), Gabriella (italiano), Gabrielle (francés), Gaby (inglés, diminutivo).

Gaia (griego). Tierra.

Gail (inglés). La alegre y feliz. Variante: Gae (francés).

Gal (germánico). Gobernante.

Gala (escandinavo). Cantante. Variante de Galia. Gala fue la esposa y musa del artista Salvador Dalí.

Galatea (griego). La de piel blanca como la leche. En la mitología griega, la hija de Nereo y Doris, una de las Nereidas, encarnación de la delicadeza y la dulzura.

Galena (celta). Calmada.

Gali (hebreo). Fuente, manantial.

Galia (latino). Natural de Galia, antiguo nombre de Francia.

Galina (ruso). Brillante.

Galya (hebreo). Recompensa de Dios.

Gamada (africano). Contenta, satisfecha.

Gana (hebreo). Jardín.

Ganesa (hindú). Buena suerte.

Gardenia (germánico). Flor de jardín. La gardenia simboliza amor secreto.

Garland (francés). Corona de flores.

Garnet (inglés). Piedra preciosa roja.

Garoa (vasco). Helecho.

Gatty. Diminutivo inglés de Gertrudis.

Gayle (inglés). Contenta, feliz.

Gaynor (celta). Hija de cabello claro.

Gea (griego). Antiguo nombre dado a la tierra.

Gema (latino). Piedra preciosa. Joya. Variante: Gemma.

Generosa (latino). Noble, ilustre.

Genet (africano). Edén.

Genoveva (galés). Blanca como la espuma del mar. Virgen del siglo V, patrona de París. Variante: Genevieve (francés).

Georgia (griego). Femenino de George, granjero. Natural de Georgia. Variantes: Georgette, Georgina.

Georgina (griego). Labradora. Diminutivo de Georgia.

Geraldina (germánico). La que reina con la lanza. Femenino de Gerardo. Variante: Geraldine (francés).

Gerda (teutón). La que está bajo protección.

Germana (germánico). Femenino de Germán, hombre guerrero, originario de Germania.

Gertrudis (germánico). Doncella armada con lanza. Variantes: Gatty (inglés, diminutivo), Gertrude (alemán).

Gessica (italiano). Dios ve. Variante de Jessica.

Geva (hebreo). Loma.

Ghaliya (árabe). De olor dulce.

Ghita. Diminutivo italiano de Margarita.

Giacinta. Femenino italiano de Jacinto.

Giacometta. Variante femenina de Jaime.

Giancarla. Combinación de Gianna y Carla.

G

Gianira (griego). Ninfa del mar.

Gianna (hebreo). Gracia de Dios. Variante italiana de Juana.

Giannina. Diminutivo italiano de Juana. Variantes: Gianna, Gianina, Yanina.

Gigí. Diminutivo de Gisela.

Gilana (hebreo). Felicidad.

Gilberta (germánico). La que brilla con su espada en la batalla.

Gilda (doble origen). Germánico: la que está dispuesta al sacrificio. Inglés: dorado. Variedad de Gisela. Variante gráfica de Hilda.

Gimena (hebreo). Dios siempre escucha. Variantes: Jimena, Ximena.

Gin (japonés). Plateado.

Gina (latino). Diminutivo de Luisa.

Ginebra (galés). La que es blanca y hermosa. Variante: Guinerve (inglés).

Gines (griego). La que engendra vida.

Ginette. Variante francesa de Juana.

Ginger (latino). Jengibre.

Ginnie. Diminutivo inglés de Virginia.

Gioconda (latino). La que está llena de vida, alegre y festiva.

Gioseppina. Variante italiana de Josefa.

Giovanna. Forma italiana de Juana.

Girzie. Diminutivo de Griselda.

Gisa (hebreo). Piedra grabada.

Gisela (germánico). Flecha, rayo. Variantes: Gisel, Giselda, Gisella, Giselle.

Giselle (teutón). Dispuesta al sacrificio. Prenda de felicidad. Variante francesa de Gisela.

Giulia. Forma italiana de Julia.

Giuliana. Forma italiana de Julia.

Giulietta. Forma italiana de Julieta.

Giunia (latino). La nacida en junio.

Gladis o Gladys (galés). Alegre, muy contenta. Variante de Claudia, que se usa en galés desde el siglo VII.

Glenda (celta). Valle pequeño y fértil.

Gloria (latino). Honor, fama. Es un nombre místico, que hace referencia al cielo y a los lugares donde residen los bienaventurados.

Godiva (inglés). Regalo de Dios.

Goratze. Variante vasca de Exaltación.

Grace. Variante inglesa de Gracia.

Gracia (latino). Que posee la amistad de Dios. Encanto, cualidad de ser agradable. En la mitología griega clásica, las Gracias eran tres hermosas jóvenes asociadas al arte, la belleza y las actividades del espíritu. Variantes: Grace (inglés), Graciela, Grazia (italiano).

Graciana (latino). Que posee gracia.

Graciela. Diminutivo de Gracia.

Grainee (irlandés). Amor. Variante: Grania.

Grata (latino). Amable, complaciente.

Gregoria (latino). Femenino de Gregorio, el que vigila sobre su grey o congregación. Variante: Gregorina.

Greta. Diminutivo de Margarita. Variante: Gretel.

Gretchen (alemán). Pequeña perla.

Grisel o Grizel. Forma reducida de Griselda.

Griselda (germánico). La mujer heroína, en referencia a una vieja heroína de la literatura medieval germánica, símbolo de obediencia y sumisión conyugal. Variantes: Grisel, Grizel.

Guadalupe (árabe). La que vino del valle donde habita el lobo.

Guillermina (germánico). La que protege con firme voluntad. Variantes: Elma, Guilleuma (catalán).

Guinerve. Variante inglesa de Ginebra.

Guiomar (germánico). Famosa en el combate.

Gwen (celta). Cima blanca. Variante: Gwendolyn.

Gwyn (celta). Afortunada, bendecida. Variante: Gwyneth.

MIS FAVORITOS CON G

- _____
- _____
- _____

G

VARONES

Gabelo (latino). El que lleva ventaja.

Gabino (latino). El que viene de Gabio (antigua región cercana a Roma).

Gabriel (hebreo). La fuerza y el poder de Dios.

Gad (hebreo). El que trae la fuerza y el poder de Yaveh.

Gadiel (hebreo). Fortuna divina.

Gaetan (francés). Variante de Cayetano.

Galeaso (latino). El protegido por el yelmo.

Galeno (griego). El que hace una vida serena y pacífica.

Galileo (hebreo). El que viene de Galilea.

Galo (latino). Oriundo de Galia (antiguo nombre de la Francia actual). Variante: Gal (catalán).

Gamal o Gamaliel (hebreo). Dios es su recompensa.

Gandolfo (germánico). Valiente guerrero.

Ganix (vasco). Variante de Juan.

García (vasco). El oso del llano.

Garcilaso. Variante de García.

Garibaldo (germánico). El audaz con la lanza.

Garoa (vasco). Rocío.

Gaspar (persa). Custodio del tesoro.

Gastón (germánico). El extranjero, el huésped.

Gaudencio (latino). El que está alegre y contento.

Gaxan (vasco). Variante de Graciano.

Gedeón (hebreo). El que destruye a sus enemigos.

Gelasio (griego). Risueño y muy alegre, gusta de la diversión.

Genaro o Jenaro (latino). Nacido en el primer mes del año, enero.

Generoso (latino). Noble, ilustre.

Génesis (hebreo). Primer libro de la Biblia. Comienzo de la vida. Debe acompañarse con otro nombre que indique sexo.

Geordie (francés). Variante de Jorge.

George (inglés). Variante de Jorge.

Geppetto (italiano). Diminutivo de José. Variante: Geppe.

Gerardo (germánico). Noble por la lanza. Variantes: Geraldo, Giraldo.

Germán (germánico). Hombre guerrero. Variante: Germain (francés).

Germinal (latino). Que echa brotes.

Gerónimo (griego). De nombre sagrado.

Gervasio (germánico). El que tiene la lanza y el poder.

Gesualdo (germánico). El prisionero del rey.

Getulio (latino). El que vino de Getulia (comarca del norte de África).

Gian (italiano). El agraciado por Dios.

Giancarlo (italiano). Combinación de Gian y Carlo.

Gianfranco (italiano). Combinación de Gian y Franco.

Gianluca (italiano). Combinación de Gian y Luca.

Gianmarco (italiano). Combinación de Gian y Marco.

Gianni (italiano). Diminutivo de Gian.

Gil (latino). Piel de cabra.

G

Gilberto o **Gisberto** (germánico). El que brilla con su espada en la batalla. Variante: **Gibert** (catalán).

Gildo. Variante de Hermenegildo.

Gillen (vasco). Variante de Guillermo.

Gines (griego). El que engendra vida.

Giobbe (italiano). Variante de Job.

Giordano (latino). El que desciende. Río torrentoso.

Giorgio (italiano). Jorge.

Giovanni (italiano). Juan.

Giuliano (italiano). Variante de Julián.

Giulio (italiano). Variante de Julio.

Giuseppe (italiano). Variante de José.

Giusto (italiano). Variante de Justo.

Glauco (griego). Del color del mar. Debe acompañarse con otro nombre que indique sexo. Variante: **Glauc** (catalán).

Godofredo o **Godfred** (germánico). Que vive en la paz que da el Señor. Variante: **Geoffrey** (inglés).

Goliat (hebreo). El que vive peregrinando.

Gonzalo (germánico). Salvado en el combate.

Gordon (celta). El de la colina.

Gotardo (germánico). El que es valiente por la fuerza que recibe de Dios.

Goyo. Diminutivo de Gregorio. Variante: **Goio** (vasco).

Gracián (latino). Que posee la gracia.

Graciano o **Grato** (latino). El reconocido por Dios, tiene el amor y la bendición divina. Variante: **Grazian**.

Graham (inglés). Guerrero.

Grau. Variante de Gerardo.

Gregorio (latino). El que vigila sobre su grey o congregación. Variante: **Greer**, **Gregor** (escocés).

Gualberto o **Guadalberto** (germánico). Tiene todo el poder y resplandece por él.

Gualterio (germánico). Jefe del ejército. Variantes: **Gualtar**, **Walter**.

Guido (germánico). El hombre del bosque.

Guillermo (germánico). Protector decidido.

Guiomar (teutón). Floresta. Debe acompañarse con otro nombre que indique sexo.

Gumersindo (germánico). El varón excelente.

Gunter (teutón). El que proviene de un pueblo famoso.

Gus (inglés). Diminutivo de Augusto.

Gustavo (germánico). Que tiene el lugar del rey. Variante: **Gustav** (alemán).

Guy. Variante de Guido.

Guzmán (teutón). Hombre de Dios.

Gyorgy (húngaro). Variante de Jorge.

MIS FAVORITOS CON G

- 69 -

En la numerología equivale al 8,
símbolo del karma y del infinito. La H ama la historia.
Es justa, buena para los negocios y gran constructora.

H:HAEGL

Significa, literalmente, "granizo". Aunque es una fuerza destructiva de la naturaleza, también es uno de sus balances esenciales, ya que limpia lo débil y, como resultado, el mundo es más fuerte. Una vez que el granizo se derrite, ayuda a mantener lo que permanece. Entre sus poderes mágicos, se utiliza esta runa para deshacer lo inarmónico y lo antiguo e innecesario. A quien la lleva en su nombre, brinda una energía contundente: despeja el panorama con la fuerza de una tormenta y abre el espacio para que el nuevo Sol asome. También es un símbolo de protección y seguridad.

MUJERES

Habiba (árabe). Amada.

Hada (latino). La que sigue el destino. Variantes: Hadassa, Hadda.

Hadara (hebreo). Bellamente adornada.

Hadassa (hebreo). Arbusto floreciente. Variante de Esther.

Hadiya (árabe). Regalo. Guía de lo correcto.

Haide (griego). Mujer sumisa y recatada, modesta. Variantes: Haidee, Hayde, Haydée.

Haizea (vasco). Viento.

Hali (griego). Pensando en el mar. Variante: Hallie.

Halima (doble origen). Africano: suave. Árabe: la que soporta el sufrimiento con paciencia.

Hana (japonés). Flor.

Hanan (árabe). Merced.

Hannah (hebreo). Gracia de Dios. Forma inglesa de Ana. Variantes: Hanna, Hanne.

Hapatía (griego). La mejor. Filósofa griega, defensora del paganismo, asesinada en un tumulto público.

Harmony (griego). Unión hermosa.

Harriet (alemán). Gobernante del hogar. Variantes: Henrietta, Hattie (inglés).

Haru (japonés). Nacida en primavera.

Hava (hebreo). Vida.

Hayfa (árabe). Bien formada.

Heather (inglés). Arbusto floreciente.

Hebe (griego). La que tiene lozanía. En la mitología griega, la hija de Zeus y Hera, personificación de la juventud. Los romanos la denominaban "Iuventus".

Hécuba (griego). En la mitología, la esposa de Príamo, rey de Troya, y madre de 19 hijos, entre ellos, Paris y Héctor.

Heda (germánico). Doncella combatiente. Variantes: Heidi, Heidy, Hilde.

Helda (doble origen). Teutón: la batalladora. Hebreo: herencia de Dios. Variante: Elda.

Helen. Forma inglesa de Helena.

Helena (griego). Bella como la aurora, Sol al amanecer. En la mitología griega, la hija de Zeus y Leda, esposa de Menelao; después de que fue raptada por Paris, se desencadenó la guerra de Troya. Variantes: Elaine (francés), Ellen (inglés), Elin, Elina, Helen.

Helga (sueco). Fiel. Deriva de un antiguo adjetivo, "helagher" (feliz), y se asocia con el significado "santo". Variante de Olga: la sublime.

Heli. Forma reducida de Heliana.

Helia (griego). Como si fuera el Sol. Variantes: Eleana, Eliana, Eliane.

Heliana (griego). La que se ofrece a Dios.

Heloísa (germánico). Variante gráfica de Eloísa, la guerrera famosa.

Helvecia (latino). La amiga alegre. Integrante de los helvecios, antiguos habitantes de Suiza.

Helvia (latino). Variante de Elvia. Que es rubia.

Hemilce. Variante gráfica de Emilce.

Henedina (griego). Resplandeciente.

Henrietta (germánico). Gobernante del hogar. Variantes: Harriet, Hattie.

H

Hera (griego). Reina del cielo.

Hercilia (griego). Que es delicada, tierna, gentil. Variantes: Hersilia, Ercilia.

Hermelinda (germánico). La que usa su escudo con fuerza. Virgen belga del siglo IV.

Hermilda (germánico). La batalla de la fuerza.

Herminda (griego). La que anuncia. Variante: Hermione.

Herminia (germánico). La consagrada a Dios.

Hermione. Variante de Herminda.

Herodiade. Variante francesa de Herodías.

Herundina (latino). Como una golondrina.

Hesper (griego). Estrella de la noche.

Hester (persa). Estrella.

Higinia (griego). Femenino de Higinio, que tiene y goza de buena salud.

Hilaria (latino). Femenino de Hilario. La que es alegre, festiva. La que gusta de las fiestas. Variantes: Hilaire (francés), Hilary (inglés).

Hilary. Variante inglesa de Hilaria.

Hilda (teutón). La que lucha con vigor. Protectora. Jefa de las Valquirias. Variante: Ilda.

Hilde. Variante de Heda.

Hildegarda (germánico). La que espera para luchar. Santa Hildegarda fue una mística alemana que describió sus éxtasis y visiones.

Hildegunda (germánico). Luchadora heroica. Santa Hildegunda fue una monja que vivió en el siglo XII.

Hipólita (griego). La que desata sus caballos y se apresta para la lucha. Femenino de Hipólito. En la mitología griega, la reina de las amazonas, pueblo de mujeres guerreras, vencida por Hércules.

Honora, Honorata (latino). La que recibe honores. Variantes: Honoria, Honorina.

Hortensia (latino). La jardinera, la que cuida su huerto.

Hoshi (japonés). Estrella.

Hossana (hebreo). La que tiene salud.

Huberta (germánico). Iluminación de la mente.

Hugolina (teutón). Femenino de Hugo. De pensamiento claro y gran inteligencia.

Huilén (aborigen: araucano). La primavera. Variante: Hullen.

MIS FAVORITOS CON H

- ....
- ....
- ....

VARONES

Habib o **Habid** (árabe). El apreciado.
Hadrian (inglés). Variante de Adrián.
Haman (persa). Grande, supremo.
Hamlet (inglés). Aldea.
Hans (alemán). Variante de Juan.
Haroldo (germánico). El que domina la región con su ejército.
Harry (teutón). Caudillo militar, con su ejército domina el territorio.
Hartman (inglés). Variante de Armando.
Hassan (árabe). El joven hermoso.
Haziel (hebreo). Visión de Dios.
Heber (hebreo). Que hace alianzas. Variante: **Heberto**.
Héctor (griego). Defensor tenaz.
Heinz. Diminutivo de Heinrich.
Heldo (germánico). Consejero de los guerreros.
Heli (hebreo). Aquel que se ofrenda a Dios.
Heliodoro (griego). Regalo de Dios.
Henoch. Variante de Enoc.
Henry (inglés). Variante de Enrique.
Heráclito (griego). Que siente inclinación por lo sagrado.
Heraldo (germánico). Rey de armas.
Hércules (etrusco). Corredor veloz.
Heriberto (germánico). Gloria del ejército que dirige. Variante: **Herbet** (francés).
Hermán (germánico). El guerrero.
Hermelindo o **Hermalindo** (germánico). El que es como escudo de fuerza.
Hermenegildo (germánico). El que ofrece sacrificios a Dios.
Hermes (griego). El mensajero, el que anuncia.
Herminio (germánico). El consagrado a Dios.
Hermógenes (griego). Enviado de Hermes.
Hernán (germánico). El guerrero audaz.
Hernando. Variante de Fernando.
Herodes (griego). El dragón del fuego.
Heródoto (griego). El don sagrado.
Hervé (bretón). Activo en la batalla.
Higinio (griego). El que tiene salud. Variante: **Hygin** (francés).
Hilario (latino). Festivo y alegre.
Hipólito (griego). Que desata sus caballos y se apresta para la batalla. Variante: **Hippolyte** (francés).
Hiram (hebreo y árabe). Querido. El hermano de Dios es excelso.
Homero (griego). El ciego.
Honorato (latino). El que ha recibido grandes honores.
Honorio (latino). Que merece altos honores.
Horacio (latino). El consagrado a las divinidades mitológicas romanas.
Horangel (griego). El mensajero de las alturas o de la montaña.
Hortensio (latino). El jardinero. Forma masculina de Hortensia.
Huberto (germánico). El de inteligencia aguda. Variantes: **Hobart**, **Hubert** (inglés).
Hugo o **Hugolino** (germánico). El que tiene espíritu e inteligencia.
Humbert (catalán). Variante de Humberto.

H

Humberto (germánico). Distinguido y brillante.

Husai (hebreo). El apresurado.

En la numerología equivale al 9,
símbolo de la iniciación. La I irradia vocación de servicio.
Es idealista y vibra con las emociones de los demás.

I:IS

Su significado es "hielo". Tiene el poder de paralizar cualquier fuerza indeseada, por lo que es altamente protectora. Se dice que quienes la poseen en su nombre pueden acceder al misterio de la energía creadora, ya que tanto el hielo como el fuego son las fuerzas que permiten la manifestación. Es la runa de la quietud y la concentración. Se la utiliza en magia para desarrollar la voluntad y fortalecer el carácter.

Ia (asirio). Violeta.

Iael. Variante de Jael.

Ianina (hebreo). Variante de Giannina, diminutivo italiano de Juana.

Iara (aborigen: tupí). Señora de las aguas. Variantes: Ibel, Yara.

Iberia (latino). Natural de Iberia, que viene de la Península Ibérica.

Iciar (vasco). Nombre de la Virgen María. Variante: Iziar.

Ida (germánico). La que es diligente y bondadosa. Próspera.

Idalia, Idalina (árabe). La que ve el Sol.

Idara (latino). Mujer prevenida.

Idelia, Idelina (germánico). La que es noble.

Idonia (germánico). Industriosa.

Idumea (latino). Rojo.

Ieesha (árabe). Mujer.

Ifigenia (griego). De gran fuerza y vitalidad. Mujer de raza fuerte.

Ignacia (latino). La ardiente y fogosa. Femenino de Ignacio.

Igone (vasco). Forma vasca de Ascensión. Nombre cristiano evocador del misterio.

Iguazel (aragonés). En honor de la virgen de Santa María de Iguázel, ermita romántica del siglo XI en el Pirineo aragonés (España).

Ilana. Variante de Elena.

Ilda (teutón). Heroica, la que lucha heroicamente. Variante: Hilda.

Ildegunda (germánico). La que sabe combatir.

Ileana. Forma rumana de Elena.

Iliana (griego). De Troya. Variante de Elena.

Ilona. Forma húngara de Elena.

Imán (árabe). Fe, creencia.

Imelda (teutón). La que lucha con gran energía.

Imperio (latino). Mandataria, gobernante.

Ina (latino). Madre.

Indiana (griego). Perteneciente a las Indias.

Indira (hindú). Perteneciente a la India.

Indra (hindú). Dios del poder.

Inés (griego). Casta, pura. Variante: Agnes.

Inga. Variante de Ingrid.

Ingrid (escandinavo). La hija del héroe. Variante: Inga.

Inmaculada (latino). La que es pura y limpia.

Inti (aborigen: inca). Sol, nombre del ser supremo. Debe acompañarse con otro nombre para indicar sexo.

Ioana. Variante de Joana.

Iola (griego). Atardecer de color violeta.

Iona (griego). La joya de color púrpura.

Ipo (hawaiano). Querida.

Iracema (aborigen: tupí). La que proviene de la miel.

Iraida (griego). Descendiente de Hera, la reina del cielo.

Irati (navarro). Nombre de una selva de Navarra.

Iratze (vasco). Femenino de helecho. Rocío. Referencia vasca a la Virgen María.

Irene (griego). La que ama la paz, la pacificadora. Forma femenina de Ireneo. Variantes: Ireñe (vasco), Irenka, Irina (ruso).

Iriel (hebreo). Variante de Uriel. Dios es mi luz.

Iris (griego). La de hermosos colores. En la mitología griega, el arco iris es el mensajero de los dioses, símbolo de la unión entre el cielo y la tierra. Variantes: Irisa, Iria.

Irma (teutón). Poderosa, consagrada a Dios. Variante: Irmina.

Irta. Variante rusa de Rita.

Irupé (aborigen: guaraní). Se refiere a la planta acuática del mismo nombre. Plato de agua.

Isabel (hebreo). La que ama a Dios. Variantes: Betina, Bettina, Isabelina, Isabela, Isabella (italiano), Isabelle (francés).

Isadora o **Isanqui** (aborigen). Variantes de Isidora.

Isaura (griego). Que procede de Isauria, antigua región de Asia Menor.

Isberga (germánico). La que protege espada en mano.

Iselda (germánico). La que permanece fiel.

Isidora (griego). La que recibe los dones de Isis, divinidad egipcia identificada con la Luna. Forma femenina de Isidoro. Variantes: Isadora, Isanqui (aborigen).

Isis (egipcio). Divinidad egipcia identificada con la Luna. Diosa principal, madre y esposa.

Ismelda (germánico). Que utiliza la espada en la lucha.

Ismenia (griego). La que siempre es bienvenida.

Isolda (germánico). Guerrera poderosa, la que ejerce el dominio con severidad. Variantes: Isaldina, Isolina.

Israela (hebreo). Fuerza de Dios.

Italina (italiano). Femenino de Ítalo.

Oriunda de la tierra entre dos mares (Italia).

Itatay (aborigen: guaraní). La campanilla.

Itatí (aborigen: guaraní). Piedra blanca. Se refiere a la advocación de la Virgen de Itatí, venerada en la provincia de Corrientes (Argentina), en el pueblo que lleva su nombre.

Itziar (vasco). Altura del mar. Debe acompañarse con otro nombre que indique sexo.

Ivana. Variante rusa de Juana, llena de la gracia de Dios. Variantes: Ivanna.

Iverna (latino). La que nació en invierno.

Ivón. Variante de Ivonne.

Ivonne (germánico). La arquera. Variantes: Ivome (francés), Ivón, Ivone.

Ivory (latino). Hecha de marfil.

Ivy (griego). Hiedra.

MIS FAVORITOS CON I

VARONES

Iago (hebreo). Suplantó al hermano.

Ian (celta). Variante de Juan.

Iber, Ibérico, Iberio o Íbero (latino). Natural de Iberia.

Ibi (ibérico). Zona o lugar entre ríos.

Ibrahim (árabe). Variante de Abraham.

Ícaro (griego). Imagen.

Ignacio (latino). Ardiente, fogoso. Variantes: Inaxio (vasco).

Igor. Variante rusa de Gregorio.

Ildefonso (germánico). El que es ágil para el combate.

Imanol (vasco). Forma de Manuel.

Inan (latino). Segundo hijo. Debe acompañarse con otro nombre que indique sexo.

Inca (aborigen: quechua). Rey, príncipe o varón de estirpe real.

Indro (hindú). Dios poderoso.

Ingmar (teutón). Insigne.

Inocencio (latino). El que no tiene mancha ni culpa.

Inti (aborigen: aimara). Nombre que le daban los incas al Sol, a quien consideraban el ser supremo. Debe ir acompañado por otro que indique sexo.

Iñaki (vasco). Variante de Ignacio.

Iñigo. Variante de Ignacio.

Ioav. Variante de Joab.

Ion (griego). Caminante.

Ionatán. Variante de Jonatan.

Ione (celta). Pendiente de la montaña.

Iosef (hebreo). Literalmente, significa "añada". Su primer uso estuvo en boca de Rajel, una de las matriarcas de Israel, la cual llamó a su primogénito Iosef

diciendo: "¡el Eterno me añada otro hijo!" (Bereshit / Génesis 30:24).

Ireneo o Irineo (griego). El amante de la paz. Forma masculina de Irene. Variante: Iren (vasco).

Isaac (hebreo). El que reirá.

Isachar (hebreo). Favorecido por Dios.

Isaías (hebreo). Dios es mi salud.

Isidoro (griego). El regalo de Isis (antigua divinidad egipcia).

Isidro (griego). Forma de Isidoro. Variante: Isidre (catalán).

Ismael (hebreo). Dios oyó mis ruegos.

Israel (hebreo). Dios reina.

Itaeté (aborigen: guaraní). Acero.

Ítalo (latino). Que vino de la tierra que está entre los mares.

Itamar (hebreo). El que viene de la isla que tiene palmares.

Itziar (protovasco). Altura empinada que mira al mar. Debe acompañarse con otro nombre que indique sexo.

Iván (ruso). Forma de Juan. Variante: Iwan.

Ivo (germánico). Glorioso. Variantes: Ivany (catalán), Ives (inglés).

MIS FAVORITOS CON I

_____

_____

_____

- 81 -

En la numerología equivale al 1,
símbolo de acción y creatividad. La J está llena de júbilo.
Es inteligente y decidida, aun para explorar lo desconocido.

J:JER

Su significado es "cosecha".
Encarna en su forma el modelo
cíclico del universo. Esta runa
otorga recompensas por las
acciones pasadas honorables,
correctas y legítimas. Es una ley
natural: si la siembra se hizo
como se debe, el resultado deberá
ser espléndido. Se dice que
quienes poseen este símbolo
en su nombre llegan a la vida con
muchas oportunidades y que
tienen la capacidad para
aprovecharlas de la mejor manera.
Está relacionada con el poder del
águila para observar la perspectiva
desde el lugar más alto y tomar
decisiones que involucran todos
los aspectos de una situación.

MUJERES

Jabel (hebreo). Arroyo que fluye.

Jacinta (griego). Que es bella como la flor del jacinto. Variante: Giacinta (italiano).

Jackie. Diminutivo de Jaquelina.

Jaclyn (hebreo). Variante de Jaquelina.

Jacqueline. Forma francesa de Jaquelina.

Jade (español). Piedra preciosa de color verde.

Jael (hebreo). La que es como la cabra del monte. Variantes: Iael, Yael.

Jafit (hebreo). Bella.

Jaimie (francés). Yo quiero.

Jala (árabe). Bondad.

Jalila (árabe). Grandiosa.

Jamila (árabe). Linda, la más bella. Variantes: Jamilah, Yamila, Yamilah.

Jamilka (árabe). Diosa de la danza.

Jana. Forma eslava de Juana.

Janna (hebreo). Floreciente.

Jane. Forma inglesa de Juana.

Janice. Variante inglesa de Juana.

Janina. Variante de Juana. Variantes: Gianina, Ianina, Janine, Yanina.

Jannifer. Variante inglesa de Ginebra.

Jaquelina (hebreo). Femenino de Jacobo, el que suplantó a su hermano. Variantes: Jackie, Jaclyn, Jacqueline (francés).

Jaqueline. Variante de Jaquelina.

Jasmine. Forma inglesa de Jazmín.

Javiera (vasco). La de la casa nueva. Femenino de Javier.

Jazmín (persa). Flor fragante. Variantes: Jasmine (inglés), Jessamine (francés).

Jean. Variante inglesa de Juana.

Jeanne. Variante de Juana.

Jeannette. Diminutivo francés de Juana.

Variantes: Jeane, Jeanette.

Jelena (ruso). Luz que ilumina.

Jemima (hebreo). Paloma. Variante: Jemina.

Jenara (latino). Consagrada al dios Jano, antigua divinidad que gobernaba las puertas del cielo.

Jenifer (celta). De espíritu diáfano, blanco. Variantes: Jenna, Jennifer, Jenny, Yenifer.

Jenny. Diminutivo de Jenifer.

Jensine (hebreo). Dios es bondadoso.

Jeri. Variante de Geraldine.

Jerónima (griego). Femenino de Jerónimo. De nombre sagrado. Variante: Gerónima.

Jerusalén (hebreo). Visión de la paz.

Jerusha (hebreo). Herencia.

Jésica (eslavo). La hija de Jessa (dios eslavo). La que ve a Dios. Variantes: Jéssica, Jessie, Yesica, Yessica.

Jesusa (hebreo). Forma femenina de Jesús: El Salvador, redentor de los hombres.

Jewel (latino). Felicidad. Variante: Jewell.

Jezabel (hebreo). El juramento de Dios. En la Biblia, Jezabel fue la esposa pagana de Acab, rey de Israel. Variante de Isabel.

Jilka (aborigen: inca). Princesa.

Jill (latino). Niña. Variante: Jillian.

Jimena (hebreo). La que pudo escuchar a Dios. Femenino de Simón. Variantes: Gimena, Ximena.

Jin (chino). Oro.

Jira (africano). De la misma sangre.

Joan, Joana, Joanna. Forma de Juana.

J

Variantes: Ioana, Johana, Johanna.

Joaquina (hebreo). A la que Dios le da firmeza y seguridad en su vida. Forma femenina de Joaquín.

Jocasta (griego). Alegre.

Jocelín (latino). La que es muy bella. Variantes: Jocelyn, Joselín, Joselina, Yoselín, Yosy.

Joia (latino). Feliz.

Jolie (francés). Bonita.

Jordana (hebreo). La regeneradora y purificadora, que desciende de lo alto. Forma femenina de Jordán.

Jordina. Variante catalana de Georgina.

Jorgelina (griego). La que trabaja bien el campo. Femenino de Jorge. Variantes: Georgia, Georgina, Jordina (vasco).

Josefa, Josefina (hebreo). La engrandecida por Dios. Femenino de José. Variantes: Fina, Gioseppina (italiano), Josephine (francés).

Jova (latino). Descendiente de Júpiter. Variante: Jovita.

Joyce (latino). La que está siempre llena de alegría.

Juana (hebreo). Llena de la gracia de Dios. Forma femenina de Juan. Variantes: Gianina, Gianna, Ginette (francés), Giovanna (italiano), Ioanna, Ivana (ruso), Ivanna (ruso), Jana (eslavo), Jane (inglés), Janina, Jean (inglés), Jeannette (francés), Joana, Jodi, Johanna (hebreo), Juanita, Yanina, Xoana.

Judith (hebreo). Da alabanza a Dios. Variantes: Judit, Judy, Yudit.

Julia (latino). Que tiene el cabello enrulado y suave. Juvenil. Variantes: Giulia (italiano), Julie, Julieta.

Juliana. Compuesto de Julia y Ana. Variantes: Giuliana, Juliana, Julianne.

Julieta. Variante de Julia. Variantes: Giulietta (italiano), Juliette (francés).

Jun (chino). Verdad.

Juno (latino). La juvenil. Diosa mitológica protectora de la mujer, el noviazgo, el matrimonio, el embarazo y el parto.

Justa, Justina (latino). Justa e inteligente. Femenino de Justo. La que vive según la ley de Dios y para ella. Variantes: Justine, Justiniana.

Juvencia (latino). Femenino de Juven. La juventud. Variante: Juventina.

MIS FAVORITOS CON J

VARONES

Jabel (hebreo). Como el arroyo que fluye.

Jacinto (griego). Alude a la flor del mismo nombre. Variante: **Jacint** (catalán).

Jack (inglés). Variante de Jacobo.

Jacobo (hebreo). El que suplantó a su hermano. Variantes: **Jacob**, **Jacques** (francés).

Jaime. Forma de Jacobo. Variante: **James** (inglés).

Jairo (hebreo). El que fue iluminado. Variante: **Jair**.

Jalil (árabe). El amigo.

Jan (checo). Variante de Juan.

Jano (griego). El que es brillante como el Sol.

Janvier (francés). Variante de Jenaro.

Jasón (griego). El que sana todas las enfermedades.

Javier (vasco). El de la casa nueva.

Jean (francés). Juan.

Jehová (hebreo). Yo soy el que soy.

Jenaro (latino). El que nació en enero.

Jenofonte (griego). El que viene de otro país y es elocuente.

Jeremías o **Jeremiah** (hebreo). La elevación del Señor. Variante: **Jeremy** (francés).

Jerónimo (griego). El del nombre sagrado.

Jerry (inglés). Diminutivo de Gerardo.

Jerusalén (hebreo). Lugar de paz.

Jesabel o **Jezabel** (hebreo). Juramento de Dios.

Jesualdo (germánico). El que lleva la lanza de mando.

Jesús (hebreo). El salvador.

Jeuel (hebreo). Tesoro de Dios.

Jimeno. Variante de Simón.

Joab (hebreo). Dios es mi padre. Variante: **Joav**.

Joan o **Joanes** (catalán). Variante de Juan.

Joaquín (hebreo). Al que Dios le da firmeza.

Job (hebreo). El perseguido.

Joe (inglés). Diminutivo de José. Variante: **Joey**.

Joel (hebreo). Dios es su señor.

Johann (alemán). Variante de Juan.

John (inglés). Variante de Juan.

Jon (catalán). Variante de Juan.

Jonás (hebreo). Sencillo como una paloma. Variante: **Jonah** (inglés).

Jonatan o **Jonathan** (hebreo). Don de Dios.

Jordán (hebreo). El regenerador, el purificador.

Jorge (griego). El que trabaja la tierra. Variante: **Jordi** (catalán).

Josafat (hebreo). El juicio de Dios.

José (hebreo). Aquél a quien Dios ayuda. Variantes: **Josep** (alemán), **Joseph** (inglés y francés).

Josemaría. Conjunción de José con María.

Joshua. Variante inglesa de Josué.

Josías (hebreo). Fuego del Señor.

Josué (hebreo). Dios salva.

Juan (hebreo). Lleno de la gracia de Dios. Variantes: **Jan** (checo), **Joan** o **Joanes** (catalán), **John** (inglés),

J

Johann (alemán).

Juanelo. Diminutivo de Juan.

Juanjo. Conjunción de Juan con José.

Juanma. Conjunción de Juan con Manuel.

Judas (hebreo). Da alabanzas a Dios.

Jules (francés). Variante de Julio.

Julián o Juliano. Variante de Julio.

Julio (griego). El que tiene el cabello crespo.

Júpiter (latino). Origen o fuente de la luz.

Justino. Variante de Justo. Variantes: Justin (francés), Justiniano.

Justo (latino). Que obra con equidad.

Juven, Juvencio o Juventino (latino). Es quien representa la juventud.

Juvenal (latino). El joven que necesita consejo.

MIS FAVORITOS CON J

En la numerología equivale al 2,
principio de la dualidad y la diversidad.
La K es kármica, audaz, emotiva. Y capaz de armonizar
las dos caras, el pasado y el futuro.

K:KENAZ

Es la misma runa que se utiliza
para la letra C y la letra Q.
Significa "antorcha". Representa
el fuego controlado por la
humanidad. A quien la lleva en
su nombre, otorga capacidad de
adquirir sabiduría técnica y de
aprender para poner en práctica.
Da conocimiento combinado con
habilidad. Es la runa de los
artistas y de los artesanos. Su
atributo es la pasión como
energía disparadora de
creatividad. Como símbolo
mágico representa la capacidad
de concentrarse en lo positivo.

MUJERES

Kaede (japonés). Hoja de arce.

Kaela (hebreo). Amada.

Kaia (griego). Tierra.

Kairós (griego). Diosa de Júpiter.

Kala (hindú). Tiempo.

Kalama (hawaiano). Antorcha flameante.

Kalare (latino). Brillante.

Kali (sánscrito). Energía. Diosa de la oscuridad.

Kalid (árabe). Que es inmortal.

Kalika (griego). Capullo de rosa. Variante: Kalyca.

Kalila (árabe). Amada.

Kalinda (sánscrito). Sol. Nombre de las montañas.

Kalli (griego). La que canta.

Kamala (hindú). Flor de loto.

Kamilah (árabe). Perfecta.

Kamilia (eslavo). Flor dulce.

Kamille. Forma vasca de Camila.

Kandace (griego). Resplandeciente. Variantes: Candace, Kandice.

Kande (africano). Primera hija.

Kanya (hindú). Virgen.

Kara (griego). Pura. Variantes: Kara, Karan, Karena.

Karen (danés). Pura. Forma danesa de Catalina. Variantes: Karem, Karenina, Karim, Karin.

Karenina. Variante de Karen. Apellido de la protagonista de "Anna Karenina", una de las novelas más famosas de León Tolstoi.

Karim. Variante de Karen.

Karimah (africano). Generosa.

Karin. Variante de Karina y Karen.

Karina (latino). La muy querida, muy amada. Forma sueca de Catalina. Variantes: Karin, Carina.

Karis (griego). Gracia.

Karitte. Variante vasca de Caridad.

Karla. Variante de Carla.

Karolina. Variante de Carolina.

Kasi (hindú). De la ciudad sagrada.

Kassia (griego). Pura. Variante: Kasia (eslavo).

Katarina, **Katerina**. Variantes de Katharina.

Kate. Diminutivo inglés de Katherine.

Katelin (griego). De Katherine (pura) y Lynn (cascada). Variantes: Katelyn, Kathleen.

Katharina. Forma alemana de Catalina. Variantes: Katarina, Katerina.

Katherine. Forma inglesa de Catalina. Variantes: Kate, Kathrin, Kathy, Katie, Katlyn, Kay, Kitty.

Katia. Variante de Katja.

Katja (griego). La que es de raza pura.

Kay. Diminutivo inglés de Katherine.

Kaya (aborigen: norteamericano). Hermana mayor.

Kaysa (escandinavo). Pura.

Keelin (celta). Delgada y justa.

Keiko (japonés). Adorada.

Keila. Variante de Leila.

Keisha (africano). Favorita. Variante: Kesia.

Kelda (escandinavo). Manantial.

Kelly (celta). De la granja cerca del riachuelo. Variantes: Kellee, Kelli, Kellie.

Kendi (africano). Amada.

K

Kennis (celta). Bella.
Kevina (celta). Femenino de Kevin. Suave, adorable. Variante: Kevyn.
Khadilah (árabe). Inmortal.
Kia (africano). Comienzo de una estación.
Kiara (celta). Pequeña y oscura.
Kim (anglosajón). Jefa.
Kimberley (anglosajón). La que gobierna.
Kinesburga (anglosajón). Fortaleza real.
Kinneret (hebreo). Arpa.
Kioko (japonés). La que conoce el mundo con felicidad.
Kipa (aborigen). Niña.
Kira (latino). Luz.
Kiran (hindú). Rayo.
Kirsten (griego). Cristiano.
Kisa (ruso). Gatito.
Kiska (ruso). Pura.
Kistiñe. Variante vasca de Cristina.
Kitty. Diminutivo inglés de Katherine.
Kore (griego). La joven.
Krin (aborigen). Estrella.
Kristine. Variante alemana de Cristina. Variantes: Kristen, Kristin, Kristina.
Krystal. Variante de Cristina.

MIS FAVORITOS CON K

K

VARONES

Kadar (árabe). Poderoso.

Kadeem (árabe). Sirviente.

Kadin (árabe). Amigo, compañero.

Kado (japonés). Entrada.

Kai (hawaiano). Mar.

Kaikara (africano). Nombre tradicional de Dios.

Kaili (hawaiano). Divinidad.

Kaiser (alemán). Forma de César. Otro significado: cortar.

Kaitan (vasco). Forma de Cayetano.

Kalani (hawaiano). Cielo.

Kalb (árabe). Perro.

Kale (hawaiano). Fuerte y varonil.

Kaled (árabe). Inmortal, quien vive eternamente.

Kalil o **Khalil** (árabe). Buen amigo. Variante de Jalil.

Kalkin (hindú). Décima encarnación del dios Vishnu.

Kalman (húngaro). Fuerte y varonil.

Kamal (hindú). Nombre de Dios.

Kamil. Variante vasca de Camilo.

Kane (celta). Tributo, guerrero.

Kareem (árabe). Noble, exaltado. Variante: **Karim**.

Kariel (hebreo). Nombre del arcángel protector de las personas que estudian y trabajan.

Karif (árabe). Nacido en otoño.

Karl (griego). Forma de Carlos.

Karl. Variante alemana de Carlos.

Karsten (griego). Cristiano.

Karumanta (aborigen: quechua). Desde lejos. Debe acompañarse con otro nombre que indique sexo.

Kasen (griego). Puro.

Kasib (árabe). Fértil.

Kasim (africano). Que controla la rabia.

Kaspar (persa). Un secreto guardado como un tesoro.

Kato (japonés). Puro, inmaculado.

Katu (aborigen: guaraní). Fuerte. Debe acompañarse con otro nombre que indique sexo.

Kay (griego). Forma de Katherine. Puro, virginal. Debe acompañarse con otro nombre que indique sexo.

Kayin (hebreo). Niño celebrado.

Kaz (aborigen: maya). El que divide.

Kazuo (japonés). Hombre de paz.

Keahi (hawaiano). Llamas.

Keane (inglés). Vivo, valiente.

Kearney (celta). Guerrero.

Keaton (inglés). Adonde vuelan los halcones.

Keb (africano). Dios de la tierra.

Kedar (hindú). Dios de la montaña, poderoso.

Keefe (celta). Adorable y buenmozo.

Keefer (sajón). Noble, suave.

Keelan (celta). Pequeño y delgado. Debe acompañarse con otro nombre que indique sexo.

Keena (celta). Valiente.

Keene (celta). Sabio, estudiado.

Kegan (celta). Feroz.

Keiji (japonés). Gobernador prudente.

Keir (celta). De piel oscura.

Keith (galés). Habitante del bosque.

Kekipi (hawaiano). Rebelde.

Kelby (escandinavo). De la granja cerca

- 93 -

K

del riachuelo. Debe acompañarse con otro nombre que indique sexo.

Kell (inglés). Del riachuelo.

Kellan (sajón). Poderoso.

Kelly (alemán). De la granja cerca del riachuelo. Debe acompañarse con otro nombre que indique sexo.

Kelman (vasco). Humanitario.

Kelsey (escandinavo). De la isla del barco. Debe acompañarse con otro nombre que indique sexo.

Kelvin (celta). Del río estrecho.

Kemal (turco). El honor más alto.

Kempton (inglés). Pueblo militar.

Kenaz (hebreo). Brillante.

Kendrick (celta). Hijo de Henry.

Kenelm (inglés). Yelmo valiente.

Kenji (japonés). Sano, saludable.

Kenley (inglés). Habitante de las praderas del rey.

Kenn (galés). Aguas claras.

Kennan (germánico). Sabio, persona con estudio.

Kennard (inglés). Fuerte.

Kenneth (celta). Buenmozo. Que está bien plantado y firme. Variantes: Ken, Kenny.

Kent (inglés). Borde, costa.

Kentaro (japonés). Niño grande.

Kenton (inglés). Del estado del rey.

Kenyi (africano). Niño nacido después de tres niñas.

Kenyon (celta). De cabello rubio.

Kenzie (escocés). Claro. Debe acompañarse con otro nombre que indique sexo.

Kermit (celta). Hombre libre.

Kern (celta). Oscuro.

Kerr (escandinavo). Tierra pantanosa.

Kerry (celta). Varonil.

Kers (aborigen: indoamericano). Nombre de una planta.

Kevin (celta). Suave, adorable.

Khan (turco). Príncipe.

Kiefer (alemán). Fabricante de barriles.

Kiernan (celta). De piel oscura.

Kiliano (gaélico). Forma de Cecilio.

Kimball (inglés). Líder de los guerreros.

Kimberly (inglés). Gobernante. Debe acompañarse con otro nombre que indique sexo. Variante: Kim.

Kin (japonés). Dorado.

King (inglés). Gobernante. Debe acompañarse con otro nombre que indique sexo.

Kinsey (inglés). Príncipe victorioso.

Kinton (hindú). Coronado.

Kirby (inglés). Del pueblo con la Iglesia.

Kirios (griego). El soberano, el Señor.

Kiros (africano). El rey.

Kiyoshi (japonés). Silencio.

Klaus. Forma alemana de Nicolás.

Koen (alemán). Consejero honesto.

Kong (chino). Glorioso.

Konrad (alemán). Variante de Conrado.

Kosey (africano). León.

Krischan (griego). Cristiano.

Krister (escandinavo). Cristiano.

Kurt (alemán). Forma de Curtis. Amable. Variante: Kort.

MIS FAVORITOS CON K

En la numerología equivale al 3,
símbolo de la creación. La L irradia talento para el arte.
Busca la libertad a través de la expresión.
Es leal, original y muy sociable.

L: LAGUZ

Significa "agua". En los tiempos
antiguos, los nórdicos rociaban al
recién nacido con agua y le daban
su nombre, tal como en la
posterior ceremonia del bautismo.
El agua limpia y refresca. Es el
fluido esencial para la vida. Refleja
el cielo y el viento sobre ella.
Entre sus usos mágicos, esta runa
proporciona intuición,
imaginación y reflexión. Quien la
lleva en su nombre tiene facilidad
para adaptarse a nuevas
circunstancias y expandirse con su
propia forma. Nada puede detener
el avance hacia su meta de vida.

MUJERES

Lael (hebreo). De Dios.

Laelia (latino). La que es locuaz. Variante: Lalita.

Laetitia (latino). Alegría, fecundidad. Variantes: Latisha, Ledicia (gallego), Leticia (español), Letizia (italiano).

Laila (griego). Hermosa como la noche. Variante de Leila.

Lais (griego). La que es popular, la amable con todos.

Lala (eslavo). Tulipán.

Lalasa (hindú). Amor.

Lan (vietnamita). Flor.

Landrada (germánico). Consejera en su pueblo.

Lani (hawaiano). Cielo, paraíso.

Laodamia (griego). La que domina su pueblo.

Laodicea (griego). La que es justa con su pueblo.

Lara (latino). Protectora de su hogar. La victoriosa. En la mitología, Lara fue la ninfa madre de dos mellizos de Mercurio. Nombre de una de las más antiguas y célebres familias de Castilla.

Laraine (latino). Pájaro de mar.

Larina (griego). Gaviota.

Larisa (griego). Mujer mítica. Nombre de una ciudad de Grecia. Variantes: Lacey, Lacy, Larissa (ruso).

Lassie (inglés). Niña, doncella.

Lateefah (africano). Suave, agradable. Variantes: Latifa, Latife.

Latika (hindú). Elegante.

Latisha. Variante de Leticia.

Laudomia (latino). La victoriosa.

Laura (latino). Coronada de laureles. Alude al laurel como símbolo de la victoria. Variantes: Laurana, Laureana, Laurel, Lauren, Laurencia, Laurentina, Laurie (inglés), Lolly (inglés, diminutivo), Loretta, Lori, Lorinda.

Laurana, Laureana (latino). Variantes de Laura.

Lauren, Laurencia, Laurentina. Variantes de Laura.

Laurie. Forma inglesa de Laura.

Laveda (latino). Inocente.

Laverne (francés). Como la primavera.

Lavinia (latino). Oriunda de Roma. En la mitología, la hija de Amata y el rey Latino, esposa de Eneas. Se la identifica con Leucaria, madre de Romo. Variante: Laviana.

Lea (hebreo). Diminutivo de Leandra. Variante de Lía.

Leandra (griego). Como una leona. Femenino de Leandro. Que es paciente en sus adversidades y sufrimientos.

Leda (griego). La que es una dama. Reina. En la mitología, esposa de Tíndaro, rey de Esparta, famosa por sus amores con Zeus. Variante: Ledah.

Ledicia. Forma gallega de Leticia.

Leila (árabe). Hermosa como la noche. Variantes: Laila, Laleh, Leyla.

Leilani (hawaiano). Niña divina.

Lelia (latino). Femenino de Lelio. Habladora, locuaz. Variante: Lelica.

Lena (hebreo). Forma reducida de Magdalena.

Lene (escandinavo). Ilustre.

Lenis (latino). Suave, sedoso. Debe acompañarse de otro nombre que indique sexo.

Leocadia (griego). La que resplandece por su blancura. Forma femenina de Leocadio.

Leocricia (griego). La que juzga bien a su pueblo.

Leonarda (latino). Forma femenina de **Leonardo.** Fuerte y brava como un león. Variantes: Leoma (inglés), Leona, Leoncia, Leonela, Leonie, Liona.

Leonila. Variante de Leonilda.

Leonilda (germánico). La luchadora. Variante: Leonila.

Leonor (griego). Fuerte, pero compasiva y misericordiosa. Variantes: Leonora, Leontina (germánico).

Leopolda (germánico). La princesa del pueblo. Femenino de Leopoldo. Variante: Leopoldina.

Leopoldina. Variante de Leopolda.

Lesmes. Variante de Adelma.

Leticia o Letizia (latino). La que trae gozo, alegría y placer. Variantes: Laetitia, Latisha, Letitia.

Levana (latino). Sol naciente.

Lewa (africano). Bella.

Lewana (hebreo). Blanca y luminosa.

Lexine (hebreo). Defensora de la humanidad.

Leyla. Variante de Leila.

Lía (hebreo). Fatigada, cansada, lánguida. En la Biblia, la primera esposa de Jacob y hermana de Raquel.

Liana (latino). Juventud. Variante de Juliana.

Libe (hebreo). La que viene del desierto. Variante: Libia.

Líbera (latino). La que distribuye abundancia. En la mitología, la esposa de Líber, identificada con las diosas griegas Perséfone y Ariadna.

Liberata (latino). La que ama la libertad. Forma femenina de Liberato.

Libertad (latino). La que posee facultad para obrar el bien. Variante: Liberty.

Libia (latino). En la mitología es el nombre de Neptuno, la esposa de Poseidón. Variante de Libe.

Libitina (latino). A la que se quiere.

Libna (latino). Blancura.

Liboria (latino). La que nació en Libor (nombre de varias ciudades antiguas de España y Portugal).

Licia (latino). Natural de Licia, antiguo país de Asia. Variante de Lucía.

Lida (latino). Luchadora. Variante de Lidia.

Lide. Forma vasca de Lidia.

Lidia (latino). Gentilicio de los nacidos en la región de Lyd (Asia Menor). Variantes: Lidia (vasco), Lydia, Lydie (francés).

Liduvina (germánico). La amiga fiel. Santa Liduvina es la virgen de los Países Bajos.

Lien (doble origen). Aborigen, araucano: plata. Chino: loto.

Ligia (griego). En la mitología, una de las sirenas del país de los ligios en la Silesia Occidental.

Lil (aborigen: araucano). Peñasco.

Lila (árabe). Noche. Variante: Lyla.

Lilac (persa). Azulado.

Lilia (latino). Pura como la flor de lirio. Variantes: Lilián, Liliana, Lily, Lilli, Lillian.

Liliana. Forma española de Lilia. Combinación de Lilia y Ana.

Lilibet. Diminutivo inglés de Elisabeth.

Lilith (hebreo). Espíritu de noche.

Limber (africano). Llena de felicidad.

Lina (latino). La que teje el lino. Abreviación de Adelina, Angelina y Carolina.

Linda (latino). Bonita. Suave y flexible. Forma reducida de nombres como Belinda, Clorinda y Hermelinda. Variantes: Lyn, Lynda, Lynette (celta),

Linette (celta). Llena de gracia.

Lionela (griego). Pequeña leona. Femenino de Lionel.

Lis (latino). Hermosa como el lirio. Nombre de la flor heráldica.

Lisa. Variante de Elisa. Variantes: Lisette (francés), Liza.

Lisandra (griego). Femenino de Lisandro, el libertador de hombres. Variante: Lyssandra.

Lisette. Forma francesa de Lisa.

Liu (persa). Según la leyenda, joven enamorada del príncipe Khalaf.

Liv (escandinavo). Vida.

Livia (latino). La de color verde oliva. Femenino de Livio. Variante: Livi.

Liza (hebreo). Juramento de Dios. Variante de Elizabeth. Variantes: Liz, Lizbeth.

Loída (griego). Ejemplo de fe y piedad.

Lois (griego). Doncella de batalla.

Lola Forma reducida de Dolores (alude a los dolores de la Virgen María). Lola Mora (1866-1936) fue una escultora argentina, famosa por sus fuentes, como Las Nereidas.

Lolly. Diminutivo inglés de Laura.

Lona (inglés). Lugar distante.

Lore, Lorea (vasco). Flor.

Loreana (latino). Natural de Lorena, Francia. Variante: Lorena.

Loreley (germánico). La hechicera. Nombre de una alta roca sobre el río Rhin, origen de muchas leyendas. Variante: Lorelei.

Lorena (francés). Natural de Lorena, Francia. Variante: Loreana.

Lorenza (latino). Victoriosa, coronada de laureles. Femenino de Lorenzo.

Loreta, Loretta (latino). Bella como un bosque de laureles. Variante de Loreto.

Loreto (latino). Lugar poblado de laureles. Advocación de la Virgen, que se venera en la basílica de Nuestra Señora de Loreto, en Ancona (Italia). Este nombre debe ir precedido por otro que indique sexo.

Lori, Lorinda. Variantes de Laura.

Lorna (español). Solitaria.

Lotus (griego). Flor de loto. Variante: Loto.

Louisa, Louise. Formas alemanas de Luisa.

Louisana (inglés). Combinación de Louise y Ana.

Louise. Louise May Alcott (1832-1888) fue una escritora norteamericana, sus obras son clásicos de la literatura infantil. Forma francesa de Luisa.

Lourdes (francés). Advocación de la virgen aparecida en esa localidad de los altos Pirineos (Francia).

Luana (germánico). Mujer guerrera.

Lucelia. Variante de Luz y Celia.

Lucero (latino). La que lleva la luz. Nombre del planeta Venus, estrella de la mañana. Variante: Lucerito.

Lucía (latino). Nacida con la luz. Santa Lucía fue una mártir del siglo IV a quien extrajeron sus ojos en el martirio. Variantes: Luciana, Lucie, Lucila, Lucinda, Lucy (inglés, diminutivo), Lucyna.

Luciana (latino). Lucir. Forma de Lucía. Variante: Lucienne.

Lucila. Diminutivo de Lucía. Variantes: Lucilla, Lucille.

Lucina (latino). La que ayuda a dar a luz.

L

En la mitología romana, diosa de los partos.

Lucine (armenio). Luna.

Lucrecia (latino). Que trae ganancias. La que es pura, casta y provechosa. Variante: Lucretia.

Lucy (latino). Variante inglesa de Lucía.

Ludmila (eslavo). Amada por el pueblo. Variantes: Ljudmila, Lumila.

Ludovica (germánico). La guerrera famosa. Forma femenina de Ludovico. Variante de Luisa.

Luisa (teutón). La guerrera famosa, célebre, muy conocida. Femenino de Luis. Variantes: Gina (latino), Louisa, Louise (inglés), Lousiana, Luise (alemán), Luisana, Luisella, Luisina.

Luisana. Combinación de Luisa y Ana.

Luján. Imagen de la Virgen María: al bajar por el río Luján, mientras era trasladada a Mendoza, los bueyes se detuvieron, no hubo forma de continuar, y la Virgen quedó allí. Debe acompañarse con otro nombre que indique sexo.

Lukina (eslavo). Llena de gracia y brillante.

Luminosa (latino). Resplandeciente, brillante.

Luna (latino). Luz nocturna. En la mitología, la personificación de la Luna era Selene. Enamorada de Endimión, se asomaba todas las noches para contemplar al pastor dormido. Variante: Lunette.

Lupe (árabe). Forma reducida de Guadalupe. Variante: Lupita.

Lutgarda (germánico). La que protege a su pueblo.

Luz (latino). Que irradia claridad.

Lydia. Variante de Lidia.

Lydie. Forma francesa de Lidia.

Lyla. Variante gráfica de Lila.

Lyn, **Lynda**. Variantes de Linda.

Lynette (celta). Bonita.

MIS FAVORITOS CON L

VARONES

Laban (hebreo). Blanco.

Labib (árabe). Sensible, inteligente.

Ladd (inglés). Sirviente.

Ladio. Variante de Ladislao.

Ladislao o **Ladio** (eslavo). El que gobierna con gloria.

Laercio (latino). El levantador de piedras. Variante: Laertes (griego).

Laird (escocés). Terrateniente rico.

Lal (hindú). Amado.

Lamar (latino). Del mar.

Lambert (alemán). Tierra brillante.

Lamberto (teutón). El renombrado de la región.

Lamond (francés). Mundo.

Lamont (escandinavo). Abogado.

Lancelot (francés). El que lleva la lanza. Manifestación de la luz interior.

Lander (griego). Hombre león.

Landerico (teutón). Poderoso en la comarca.

Landolfo, Ladolfo, Landolf (germánico). Hábil como un lobo en la ciudad.

Landon (inglés). Loma larga.

Landry (inglés). Tierra áspera. Variantes: Landis, Landers.

Lane (inglés). De la calle estrecha. Debe acompañarse de un nombre que indique sexo.

Lanfranco (germánico). Libre en su patria.

Lang (escandinavo). Hombre alto. Variante: Langer.

Langdon (inglés). Loma larga.

Langley (inglés). Pradera larga.

Langston (inglés). Un pueblo largo y estrecho. Variante: Lankston.

Langundo (aborigen: indoamericano). Pacífico.

Lanz (italiano). Tierra. Variante: Lance.

Lap (vietnamita). Independiente.

Laramie (francés). Lágrimas de amor.

Larrimore (francés). Que hace armaduras.

Larry (inglés). Diminutivo de Lawrence.

Lars (escandinavo). Forma de Lawrence.

Laszlo (húngaro). Variante de Ladislao.

Latham (desconocido). Una división.

Latif (árabe). Suave, agradable.

Latimer (inglés). Cerca del mar.

Laughlin (irlandés). Sirviente de San Secundino.

Laureano, Laurelino, Laurentino o **Lauro** (latino). Triunfador. Digno de laureles.

Laurence o **Lawrence** (inglés). Forma de Lorenzo. Variante: Lorne.

Laurencio (latino). Coronado de laureles. Variantes: Laurence, Laurindo.

Laurent (vasco). Forma de Lorenzo.

Laval (desconocido). Dios.

Lavalle (francés). Valle.

Lavi (desconocido). León.

Lawler (celta). De lenguaje suave.

Lazarus o **Lázaro** (hebreo). Dios ha ayudado. Variante: Lazar.

Leal (español). Obra con lealtad, fiel.

Leander (griego). Hombre valiente u hombre león.

Leandro o **Leandre** (griego). Hombre calmo, sereno.

Lear (alemán). De la pradera.

Learco (griego). Jefe de su pueblo.

Lee (chino). Ciruela. Debe acompañarse de un nombre que indique sexo.

Leggett (francés). Delegado.

Lei (chino). Trueno.

Leif (escandinavo). Amado, descendiente.

Leigh (inglés). Pradera. Debe acompañarse de un nombre que indique sexo.

Leixandre (gallego). Variante de Alejandro.

Leland (inglés). Pradera.

Lelio (latino). El que es locuaz.

Lemuel (hebreo). Consagrado a Dios, seguidor de Dios.

Len (doble origen). Aborigen, indoamericano: flauta. Inglés: diminutivo de Leonardo.

Lencho (africano). León.

Leneo (latino). De Leneas, uno de los nombres del dios Dionisio.

Lennon (celta). Pequeño cabo.

Lennor (inglés). Primavera, verano.

Lennox (celta). De la tierra de los olmos.

Lenny (germánico). Sobrenombre de Leonardo.

Lensar (inglés). Con sus padres.

Leo (latino). León. Forma reducida de Leonardo.

Leocadio (griego). El que resplandece por su blancura.

León (latino). Remite a ese animal por su bravura. Variantes: **Leoncio**, **Leonel**, **Leonelo**, **Lionel**.

Leonardo (latino). León fuerte. Variantes: **Leonard** (alemán e inglés), **Leontino** (germano).

Leonel o **Lionel**. Variante de León. Variante: **Leonelo**.

Leónidas (griego). Valiente como un león. Variantes: **Leonides**, **Leonid** (ruso).

Leopoldo o **Leopold** (germánico). Defensor de su pueblo.

Leor (hebreo). Mi luz.

Leron (árabe). La canción es mía.

Leroy (francés). El rey.

Leslie o **Lesley** (celta). Pequeña pradera. Debe acompañarse de un nombre que indique sexo.

Lesmes (teutón). Cuya nobleza es su protección.

Leto (latino). El que siempre está alegre. Variante: **Let** (catalán).

Leuco (griego). El luminoso.

Leuter (gallego). Variante de Eleuterio.

Lev (ruso). Variante de León.

Levi (hebreo). El lazo entre los suyos.

Lewis. Variante inglesa de Luis.

Lex (latino). La Ley.

Li (chino). Fuerza. Debe acompañarse de un nombre que indique sexo.

Liam (irlandés). Protección firme.

Lian (chino). Sauce lleno de gracia. Debe acompañarse de un nombre que indique sexo.

Liang (chino). Bueno.

Líbano (latino). Blanco.

Liber (latino). El que derrama abundancia.

Liberal (latino). El amante de la libertad.

Liberato (latino). El liberado.

Libio o **Livio** (latino). Nacido en lugar árido, el que viene del desierto.

Liborio (latino). Que vino o nació en Líbora, España.

Licas (griego). Lobo.

Licerio (griego). Relativo a la luz.

Licio (latino). Proveniente de Licio, región al sur de Turquía.

Licurgo (griego). Ahuyentador de lobos.

Liko (hawaiano). Capullo.

Linc (inglés). Flexible, blando.

Lincoln (inglés). Oriundo de las barrancas del río.

Lindberg (alemán). Montaña donde crecen árboles de tilo.

Lindor (latino). El que seduce, gusta seducir.

Lindsay (inglés). Isla de tilo. Debe acompañarse de un nombre que indique sexo.

Lindsey (inglés). Árboles de tilo cerca del agua. Debe acompañarse de un nombre que indique sexo.

Linfred (alemán). Pacífico, calmado.

Lino (griego). El que teje el lino.

Lino (latino). De cabellos rubios, un cristiano romano.

Linu (hindú). Lirio.

Linus (griego). Del color del lino.

Lior (hebreo). Mi luz.

Liron (hebreo). Mi canción.

Lisandro (griego). Libertador de hombres. Variantes: Elisandro, Lysander.

Lisardo (hebreo). Defensor de la fe, lucha por Dios.

Lisias (griego). Libertador.

Lisístrato (griego). El que lucha por el ejército libertador.

Lisle (francés). De la isla.

Lister (inglés). Tintorero.

Liu (africano). Voz.

Livio (latino). Perteneciente a la noble familia romana Libia (del color del olivo).

Livy (inglés). Forma de Oliver.

Llewellyn (celta). Como un león.

Lloyd (galés). Gris.

Lobo (español). Lobo.

Logan (celta). De la pequeña cavidad.

Debe acompañarse de un nombre que indique sexo.

Lok (chino). Feliz.

Lombard (latino). De barba larga.

London (latino). Fortaleza de la Luna.

Long (chino). Dragón.

Longinos (latino). Largo. Nombre del soldado que clavó la lanza en el cuerpo de Jesús. En el momento de hacerlo, lo reconoció como hijo de Dios.

Lono (hawaiano). Dios de paz y cultivo.

Lope (vasco). Hombre tosco y grueso en sus modales.

Lord (inglés). Hombre noble.

Lorenzo (latino). El coronado de laureles, el victorioso. Variante: Lorenz.

Loreto (latino). Hermoso cual bosque de laurel.

Lot (hebreo). El de rostro cubierto.

Lotario (germánico). El guerrero ilustre.

Lowell (inglés). Amado.

Loyola (latino). En su escudo tiene un lobo.

Luano (latino). Manantial.

Luca o Lucas (latino). Resplandeciente como la luz.

Luce (latino). Luz.

Lucero (latino). Lleva la luz.

Lucho. Diminutivo de Luis.

Lucian (latino). Hombre de luz.

Luciano. Variante de Lucio.

Lucio (latino). Nacido a la luz del día. Variante: Lucius.

Lucky (americano). Afortunado.

Lucrecio (latino). Crepúsculo de aurora. El que trae ganancias.

Ludovico (germánico). El guerrero famoso.

Ludwig (alemán). Variante de Luis.

Luigi (italiano). Variante de Luis.

L

Luis (germánico). El guerrero glorioso.
Variantes: Louis (francés), Lou (alemán),
Ludwig (alemán), Luigi (italiano).

Luján. Imagen de la Virgen María: al
bajar por el río Luján, mientras era
trasladada a Mendoza, los bueyes se
detuvieron, no hubo forma de continuar,
y la Virgen quedó allí. Debe
acompañarse con otro nombre que
indique sexo.

Luke (latino). Luz.

Luken (vasco). Variante de Luciano.

Lukene (latino). Portador de luz.

Lunt (escandinavo). De la arboleda.

Luperco (latino). Ahuyentador de lobos.

Lupo (latino). Lobo.

Lutfi (árabe). Amigable.

Luther (alemán). Guerrero famoso.

Luvencio (latino). Referido a la luz.

Luz. Refiérese a la luz con sentido
sagrado, que ilumina, hace ver.
Debe acompañarse con otro nombre
que indique sexo.

Lyde (desconocido). Loma.

Lyle (francés). De la isla.

Lyman (inglés). Pradera.

Lynch (irlandés). Marinero.

Lynde o Lyndon (desconocido). Flexible.

Lynn (inglés). Una cascada.
Debe acompañarse de un nombre
que indique sexo.

Lynton (desconocido). Pueblo cerca
del riachuelo.

MIS FAVORITOS CON L

En la numerología equivale al 4,
la sal de la tierra. La M irradia magia y misterio.
Es práctica y confiable,
trabajadora y amiga de la organización.

M:MANN

Significa "hombre", y contiene el misterio de la estructura divina dentro de cada individuo en particular y en la humanidad en general. Es la fuerza de la inteligencia, la racionalidad, la memoria y la tradición humanas. Es el signo del hombre perfeccionado, el ser humano completo e iluminado en relación con su propio destino. También representa la institución de la hermandad de sangre. Es la runa de la amistad y de los lazos sinceros. Se dice que quien la lleva en su nombre es buen consejero y aliado incondicional.

MUJERES

Maaián (hebreo). Laguna. Debe ir acompañado de otro nombre que indique sexo.

Mabel (latino). Forma inglésa de "amable". La adorable, digna de ser amada.

Macarena (español). Bienaventurada. La que lleva la espada. Advocación española de la Virgen María, muy popular en Sevilla.

Macaria (griego). De larga vida. En la mitología, la hija de Heracles y Deyanira. A la muerte de su padre, Macaria y todos los suyos fueron perseguidos por Euristeo, y fueron acogidos hospitalariamente en Atenas por el rey Demofonte.

Machico (japonés). Hija afortunada.

Maciela (latino). Femenino de Maciel. Delgadita, esquelética, muy flaca.

Macra (griego). La que engrandece.

Mada. Variante de Magdalena.

Madelaine. Forma francesa de Magdalena.

Madelón. Variante de Magdalena.

Madonna (latino). Madre. Variantes: Madra, Madrona.

Mae (inglés). Del mes de mayo.

Maeko (japonés). Niña honesta.

Maeve (latino). Diosa.

Mafalda. Forma portuguesa de Matilde.

Magalí. Forma francesa de Margarita.

Magdalen (griego). Torre.

Magdalena (hebreo). La magnífica. La que vive sola en el torreón. Variantes: Lena, Mada, Maddie (inglés, diminutivo), Madelaine (francés), Madeleine, Madeline, Madelón, Mady, Magda, Magdalen, Maida, Malena, Milena.

Maggie. Diminutivo inglés de Margarita.

Magnolia (francés). Linda como esa flor.

Maha (africano). Ojos hermosos.

Mai (japonés). Esplendor.

Maia (griego). La del instinto maternal. Diosa de la primavera. Variante de Maya.

Maialen (vasco). Derivado del compuesto hebreo Migda-El, y su significado es "torre de Dios".

Maica. Variante abreviada de María del Carmen.

Maida. Variante de Magdalena.

Maille. Variante de Molly.

Maimara (aborigen: aimara). Estrella que cae. Pueblo colla de la puna argentina.

Maira (latino). La que es maravillosa.

Maisie (griego). Perla. Diminutivo inglés de Margarita. Variante: Mag (escandinavo).

Maite (vasco). Amada. Variantes: Maitane, Maitena, Mayte.

Maitena. Variante de Maite.

Makenna (africano). Felicidad.

Malaika (africano). Ángel.

Malana (hawaiano). Luz.

Malena. Forma reducida de Magdalena. Forma compuesta de María y Elena.

Malisa. Forma compuesta por María y Elisa. Variante de Melisa.

Malka (hebreo). Reina.

Malvina (germánico). Amiga de la justicia, conservadora.

M 🦋

Mandara (hindú). Árbol mítico.

Mandisa (africano). Dulce.

Manela. Variante catalana de Manuela.

Manila (latino). La mujer de pequeñas manos.

Manón. Variante francesa de María.

Manuela (hebreo). Dios está con nosotros. Forma femenina de Manuel. Variantes: Manela (catalán), Manuelita.

Mara (hebreo). Amargura. Variantes: Manya (ruso).

Maravillas (latino). Admirada. Fabulosa. Variantes: Marvel (inglés), Marvela.

Marcela (latino). La que une el cielo y la tierra. La que trabaja con el martillo. Mujer combativa. Forma femenina de Marcelo. Variantes: Marceliana, Marcelina (latino), Marcella (italiano).

Marcia (latino). La consagrada al dios Marte. Nacida en marzo. Femenino de Marcio. Variantes: Marciana, Marcie, Marcy, Marsha, Martina, Martiniana.

Maren (latino). Mar.

Marenda. Variante de Miranda.

Marga. Forma abreviada de Margarita.

Margarita (latino). Preciosa y valiosa como perla. Hija de la luz. Variantes: Ghita (italiano, diminutivo), Greta, Gretel, Madge, Magalí (francés), Maggie (inglés, diminutivo), Maisie, Margot (francés), Margaret (inglés, persa), Margaux (francés), Marguerite (francés), Rita.

María (hebreo). La vidente. La profeta. La estrella de mar. La elegida. La señora. En la Biblia, María es la Santísima Virgen, esposa de José, que concibió a Jesús, el hijo de Dios, por designio divino. Variantes: Manon (francés), Maree, Mari, Marie (alemán y francés), Marietta, Marikena, Mariola (italiano), Mariquela, Mariquena, Maruja (gallego), Mary (inglés), Meris (italiano), Miren, Mirena, Miriam, Mirian, Mitzie (alemán), Myriam (hebreo).

Formas compuestas con María:

María Ángel

María Aranzazu

María Begoña

María Belén

María de la Almudena

María de la Cerca

María de la Concepción

María de la Cruz

María de la Gloria

María de la Gracia

María de la Macarena

María de la O

María de la Paloma

María de la Paz

María de la Soledad

María de las Ermitas

María de las Gracias

María de las Mercedes

María de las Nieves

María de las Victorias

María de los Ángeles

María de los Milagros

María de los Santos

María del Consuelo

María del Huerto

María del Mar

María del Monserrat

María del Pilar

María del Pino

María del Rosario

María del Sol

María del Valle

María Fátima

María Gracia

María Guadalupe

María Inés

María Inmaculada

María Jesús

María José

María Lourdes

María Noel

María Nuria

María Sol

María Soledad

Mariamar. Forma abreviada de María del Mar.

Marián. Contracción de Mariana.

Mariana (latino). Consagrada o perteneciente a la Virgen María. Combinación de María con Ana. Variantes: Marián, Marién, Marianne (francés).

Marianela, Marianella. Variantes de Mariana. Formas compuestas por Mariana y Estela.

Mariángeles. Contracción de María y Ángeles.

Marianne (hebreo). Amarga. Forma francesa de Mariana.

Mariatu (africano). Pura.

Maribel. Contracción de María e Isabel.

Maricel. Contracción de María y Celia.

Maricruz. Contracción de María y Cruz.

Marie. Forma alemana y francesa de María.

Mariel. Contracción de María e Isabel.

Mariela. Variante de Mariel.

Mariet, Marietta. Variantes hebreas de María.

Marife. Contracción de María y Fe.

Marigold (inglés). De la flor.

Marikena. Variante de Mariquena.

Marilda. Compuesto de María e Hilda.

Marilén, Marilena. Contracción de María y Elena.

Marilina. Descendiente de María. Contracción de María y Elina.

Marilisa. Contracción de María y Elisa.

Marilú. Contracción de María y Luz.

Marilyn (hebreo). Descendiente de María. Variante de Marilina. Variante: Marilin.

Marina (latino). La que ama el mar. Femenino de Marino. Variantes: Marine (francés), Mariné.

Marinés. Contracción de María e Inés.

Mariola. Forma italiana de María.

Marión. Variante de María.

Mariquela, Mariquena. Variantes de María.

Marisa (hebreo). Del mar. Contracción de María Luisa. Variantes: Marisela, Marissa.

Marisabel. Compuesto de María con Isabel.

Marisel. Contracción de María con Isabel.

Marisela. Formación de María con Celia.

Marisol. Contracción de María del Sol. Variantes: Marysol.

Marité. Abreviación de María Teresa.

Mariu. Variante de María.

Marjorie (griego). Variante de Margarita.

Marlene. Variante de Magdalena. Contracción alemana de María y Helen.

Marmara (griego). Radiante.

Marnina (hebreo). La que causa alegría.

Marta o Martha (hebreo). La que reina en el hogar. Hermana de María.

Martina (latino). Consagrada a Marte. Femenino de Martín. Variantes: Marcia, Martiniana.

Maruja. Forma gallega de María.

Marvel, Marvela (latino). Admirada.

Fabulosa. Forma inglesa de Maravillas.

Mary. Variante inglesa de María.

Matai (hebreo). Regalo de Dios. Variante: Mathea (escandinavo).

Matilde (germánico). La virgen poderosa en la batalla. La que lucha con fuerza. Variantes: Mafalda (portugués), Mathilde (alemán), Matilda (español), Maud (inglés).

Matrika (hindú). Madre, nombre de diosa.

Matty. Diminutivo inglés de Martha.

Maud. Variante inglesa de Matilde.

Maura (latino). La de piel morena. Forma femenina de Mauro. Variantes: Maureen, Mauricia, Maurina.

Máxima (latino). La más grande. Forma femenina de Máximo. Variante: Maximina.

Maximiliana (latino). La mayor de todas. Forma femenina de Maximiliano.

Maya (doble origen). Griego: la maternal. En la mitología, una de las Pléyades, hijas de Atlante y de la Oceánide Pleyone, madre de Hermes, esposa de Zeus. En la mitología hindú, la esposa de Brahma, representa el sueño perpetuo. Variante: Maia.

Mayra (latino). Maravillosa.

Mayte. Variante de Maite.

Mead (griego). Vino de miel.

Meara (irlandés). Feliz.

Medea (griego). La que piensa. En la mitología, la hechicera que ayudó a Jasón a conquistar el vellocino de oro; abandonada por su esposo, se vengó degollando a sus hijos. La historia inspiró tragedias de Eurípides y Séneca.

Medusa (griego). Una de las tres gorgonas. Atenea transformó sus cabellos en serpientes y le otorgó el poder de convertir en piedra todo lo que miraba.

Meg (griego). Perla.

Megan (inglés). Fuerte, capaz.

Mei (latino). Grandiosa.

Meira (hebreo). Luz.

Meka (hawaiano). Ojos.

Melania (griego). La de piel oscura. Variantes: Melani, Mélanie (francés), Melany (inglés).

Melea (griego). Plenitud.

Melia (griego). Hija del océano.

Melibea (griego). La que cuida el ganado. Nombre de la protagonista de "La Celestina".

Melina (griego). La dulce doncella. En la mitología, la hija de Tespio, que es con Heracles la madre de Laomedonte. Variante: Meline.

Melinda (griego). La que canta armoniosamente. Suave. Variante de Ermelinda. Variante: Mindy (alemán).

Melisa (griego). Laboriosa como la abeja. En la mitología, hija de Meliseo de Creta, la primera sacerdotisa de Rea. Hay varias ninfas con este nombre, todas ellas rinden culto a la tierra y se relacionan con el cuidado de las abejas. Variantes: Melissa, Melita (italiano).

Melitona (griego). La que nació en Malta. Forma femenina de Melitón.

Melody (inglés). Melodía. Variante: Melodie.

Melusina (griego). Dulce como la miel.

Melva (celta). Trabajadora del molino.

Mercedes (latino). La que libera de la esclavitud, la que hace favores. Variantes: Merces (gallego), Merced.

Mercia (latino). Misericordia.

Mercy (latino). Compasión.

Meredith (galés). Guardiana del mar. Variante: Merry.

Meriel (celta). Mar iluminado.

Meritxell (latino). Pura.

Merle (italiano). Canta y vuela como un mirlo. Variantes: Merlina, Meryl.

Merry (inglés). Variante de Meredith.

Mia (latino). Mía.

Micaela (hebreo). La que es como Dios. Forma femenina de Miguel. En español se usa en lugar de Miguela. Variantes: Michaela (celta), Michela, Michele (francés), Michelle, Miguelina, Mikaela.

Michelle. Variante de Miguelina.

Micol (hebreo). La que es reina.

Midori (japonés). Verde.

Mignon (francés). Delicada, pequeña.

Miguelina (hebreo). Variante de Micaela.

Mika (ruso). Hija de Dios. Variante: Mikaili (africano).

Miki (japonés). Tallo de flor.

Mila. Variante de Milagros y Milena.

Milagros. La que exalta el poder de Dios, referido a la Virgen de los Milagros. Variante: Mirari (vasco).

Milba (germánico). Amable protectora. Variantes: Milva, Melba, Milburga.

Milca (hebreo). Reina. Variantes: Micol.

Mildred (germánico). Gentil consejera. Variantes: Mildreda (germánico), Millie, Milly.

Milena. Variante de Magdalena. Variantes: Milenka (eslavo), Mylene.

Miliani (hawaiano). Caricia suave.

Milva. Variante de Milba.

Milwida (germánico). La amable habitante de los bosques.

Mimi (francés). Variante de Miriam.

Min (coreano). Astucia.

Mina (doble origen). Teutón: la protectora. Japonés: Sur.

Mindy. Forma alemana de Melinda.

Minerva (latino). Diosa de la sabiduría.

Minka (alemán). Fuerte, resuelta. Variante: Minna.

Minnie (alemán). Memoria querida.

Mira (latino). Fabulosa.

Mirabel (latino). De belleza inusual.

Mirana. Variante de Miranda.

Miranda (latino). Maravillosa. Variantes: Marenda, Mirana, Mirra, Myra.

Mirari. Forma vasca de Milagros.

Mireille. Forma francesa de Mireya.

Miren, Mirena. Variantes de María.

Mireya (provenzal). Nombre poético. La maravillosa, admirada. Variantes: Mireia, Mirela, Mireille (francés), Mirella.

Miriam o Myriam. Hija deseada. Forma hebrea de María (ver). Variantes: Mirian, Mimi (francés).

Mirna o Myrna (griego). Suave como el perfume.

Mirta o Mirtha (griego). Coronada de belleza.

Misty (inglés). Cubierta de rocío.

Mitra (persa). La que pactó con el ser supremo.

Mitzi. Variante alemana de María.

Miya (japonés). Casa sagrada.

Moana (hawaiano). Océano.

Modesta (latino). La que es moderada en sus actos. Forma femenina de Modesto. Variante: Modesty.

Moira (griego). Diosa de la fortuna y el destino. Variación del antiguo nombre irlandés de la Virgen María.

Molly (hebreo). Forma de Mary.

Mona (celta). La noble.

Mónica (griego). La de vida recatada. La que ama estar sola. Variantes: Monika,

M 🦋

Monique (francés).

Monserrat, Montserrat (catalán). Monte escarpado. Advocación catalana de la Virgen María.

Mora (español). Baya dulce de color rojo oscuro.

Morena. De color oscuro.

Morgana (celta). Mujer que proviene del mar. Variante: Morgance.

Mouna (árabe). Deseo.

Moya (celta). Grandiosa.

Munira (árabe). La que es fuente de luz.

Muriel (irlandés). La mujer reconocida. Brillante como el mar.

Myra. Variante de Miranda.

Myrna o Mirna (griego). Que tiene la suavidad del buen perfume.

MIS FAVORITOS CON M

🐝 ....

🐝 ....

🐝 ....

VARONES

Maarten (latino). Que no engaña.

Mac (celta). Hijo de.

Macabeo (hebreo). Conforma las cuatro sílabas iniciales de la frase "¿Quién como tú entre los dioses, oh Jehová?" (en hebreo: Mem, Caph, Beth, Iod).

Macadam (escocés). Hijo de Adam.

Macallister (irlandés). Hijo de Alistair.

Macario (griego). El bienaventurado. Variante: Macaire (francés).

Macaulay (escocés). Hijo de la justicia.

Mace (latino). Especia aromática.

Macedonio (griego). El que triunfa y se engrandece.

Maciel (latino). Delgadito, esquelético, muy flaco.

Mackenzie (celta). Hijo del sabio líder. Debe acompañarse de un nombre que indique sexo.

Maclean (irlandés). Hijo de Leander.

Maclovio (latino). Hombre del bajo.

Maddock (galés). Generoso.

Maddox (galés). Hijo del benefactor.

Madison (alemán). Hijo de Mateo. Debe acompañarse de un nombre que indique sexo.

Madox (celta). El que es ardiente.

Mael (celta). Jefe, príncipe.

Magín (latino). Que es imaginativo.

Magno (latino). Grande, de gran fama, magnífico.

Magnus (latino). Grande.

Mahesa (hindú). Gran señor.

Mahir (árabe). Industrioso.

Mahoma (árabe). Digno de ser alabado.

Mahon (irlandés). Oso.

Makin (árabe). Fuerte.

Makoto (japonés). Sincero.

Malaquías (hebreo). El mensajero de Dios.

Malco, Malcom, Malcolm o Malcon (hebreo). El que es como un rey.

Malcolm (latino). Paloma.

Malik (árabe). Maestro.

Mallory (francés). Sin suerte. Debe acompañarse de un nombre que indique sexo. Variante: Malory (sajón).

Malone (irlandés). Sirviente de San Juan.

Mamerto (latino). Natural de Mamertium (antigua ciudad del sur de Italia).

Manases (hebreo). Que se olvida todo.

Manco (aborigen: quechua). Rey.

Mandek (polaco). Soldado.

Mander (inglés). De mí.

Manfredo (germánico). Que tiene poder para salvaguardar la paz.

Manlio (latino). El que nació por la mañana.

Manning (inglés). Hijo de héroe.

Manny (inglés). Forma de Emanuel. Dios está con nosotros.

Mano (hawaiano). Tiburón.

Manuel (hebreo). Forma de Emanuel. Dios está con nosotros.

Manzur (árabe). El vencedor, el que venció sobre todos.

Marcelino. Variante de Marcelo.

Marcelo (latino). El que une el mar y el cielo. El que trabaja con el martillo. Hombre combativo. Variante: Marcel.

Marcial (latino). Relativo a Marte, dios de la guerra. Variante: Martial (inglés).

Marcio (latino). Nacido en marzo o consagrado al dios Marte.

Marco o Marcus (latino). Derivado de Marte, dios de la guerra. Variantes: Marc, Marco.

Marcos (latino). El que trabaja con el martillo. Variantes: Marc (francés), Mark (inglés).

Marden (inglés). Del valle con aguas.

Marek (polaco). Persona de guerra.

Mariano (latino). Consagrado a la Virgen María.

Marino (latino). El que ama el mar.

Mario (latino). De espíritu luchador, viril, hombre por excelencia.

Maris (latino). Del mar. Debe acompañarse de un nombre que indique sexo.

Markham (inglés). Casas y terrenos adyacentes en la frontera.

Marland (inglés). Tierra de lago.

Marlon (celta). Halcón.

Marlow (inglés). Loma al lado del lago.

Maro (latino). Relativo a Marte.

Marón (árabe). El santo varón.

Marqués (español). Hombre noble.

Marshall (francés). Guardián de los caballos.

Martín (latino). Hombre genial, belicoso, guerrero. Variante: Marty.

Martiniano (latino). Variante de Martino.

Martino (latino). Nacido el día martes.

Martzel (vasco). Variante de Marcelo.

Marvin (celta). Amigo del mar. Variante: Marv.

Masahiro (japonés). Tolerante.

Mashiakh (hebreo). El Ungido o Mesías.

Mason (francés). Trabajador de la piedra.

Massimo (italiano). Grandioso.

Matana (árabe). Regalo. Debe acompañarse de un nombre que indique sexo.

Mateo o Matteo (hebreo). El entregado a Dios.

Mather (inglés). Armada fuerte.

Matías (hebreo). Don, dádiva de Dios. Variantes: Mathías, Matt.

Mato (aborigen: indoamericano). Valiente.

Mauricio (galés). Fino, galante. Variantes: Maurizio.

Mauro (latino). Uno de sus significados es "de tez morena"; otro, "moro, nativo de Mauritania, África".

Max. Forma reducida de Máximo.

Maximiano. Variante de Máximo. Variante: Maximino.

Maximiliano. Forma compuesta por Máximo y Emiliano.

Máximo (latino). El mayor de todos.

Medarno (sajón). Que merece ser honrado, distinguido, premiado.

Meir (hebreo). Aquel que brilla. Debe acompañarse de un nombre que indique sexo.

Mel (francés). Trabajador del molino. Debe acompañarse de un nombre que indique sexo.

Melchor (hebreo). Rey de la luz. Variante: Melchior (inglés).

Melecio (griego). Persona que es cuidadosa.

Melibeo (griego). El cuidador de bueyes.

Melito (griego). Dulce, agradable.

Meliton (griego). Natural de la isla de Malta.

Melquiades (hebreo). El rey de Dios.

Melquisedec (hebreo). Rey de justicia.

Melvin (celta). Jefe, adalid. Otro significado: trabajador del molino.

Variante: Mel.

Menajem (hebreo). Consolador.

Menandro (griego). Varón activo y pujante.

Menas (griego). Relativo al mes, relacionado con los meses.

Menelao (griego). Que conduce al pueblo a luchar.

Meneo (griego). Uno de los nombres de Zeus, el rey de los dioses.

Mentor (griego). El maestro.

Mercer (latino). Mercantil.

Mercurio (latino). El que atiende los negocios. Dios mensajero.

Meredith (galés). Guardián del mar. Debe acompañarse de un nombre que indique sexo.

Merle (latino). Un pájaro. Debe acompañarse de un nombre que indique sexo.

Merlín (francés). Cerro al lado del mar. Variante: Merlino.

Merrick (inglés). Gobernante del mar.

Merrill (alemán). Un pájaro.

Merv (alemán). Amigo del mar.

Mesha (hindú). Carnero, nacido bajo el signo de Aries.

Meyer (alemán). Granjero.

Mickey (inglés). Diminutivo de Michael. Variantes: Micky, Mick.

Midas (griego). El pasajero y admirable empresario.

Miguel (hebreo). Aquel que es como Dios. Variantes: Micael, Michael (hebreo), Michelle (italiano y francés), Mijail (ruso), Mikkel (hebreo), Mikhail (eslavo), Misha (ruso).

Milcíades (griego). El de tez roja.

Miles (latino). El soldado. Variante: Milo (griego).

Millan (latino). Amable.

Milton (inglés). El que viene del pueblo de la molienda. Variante: Milt.

Miner (latino). Joven.

Mirko (eslavo). El que aseguró la paz.

Miroslav (eslavo). Esclavo hermoso.

Misael (hebreo). Dios es incomparable.

Misky (aborigen: quechua). Dulce. Debe acompañarse con otro nombre que indique sexo.

Mitchel (hebreo). Forma de Miguel. Variantes: Mitch, Mitchell.

Mixel (catalán). Variante de Miguel.

Miyen (latino). Modesto. Debe acompañarse con otro nombre que indique sexo.

Modesto (latino). Templado, honesto, moderado.

Mohamed (árabe). El digno de ser alabado. Variantes: Mohammed, Muhammad.

Moisés (egipcio). El salvado de las aguas.

Moke (hawaiano). Variante de Moisés.

Monroe (celta). Del pantano rojo.

Montana (latino). Montaña. Debe acompañarse de un nombre que indique sexo.

Monte (latino). Montaña.

Montgomery (inglés). De la montaña. Variante: Monty.

Morathi (africano). Hombre sabio.

Mordecai (hebreo). Guerrero.

Morey (inglés). De piel oscura. Variantes: Morrie, Morris.

Morfeo (griego). El que hace ver hermosas figuras.

Morgan (celta). Del mar. Debe acompañarse de un nombre que indique sexo.

M

Moriah (hebreo). Dios es mi maestro. Debe acompañarse de un nombre que indique sexo.

Morrison (inglés). Hijo de Morris.

Mortimer (latino). Que habita cerca del mar. Variante: Morty (inglés).

Morton (inglés). Del pueblo cercano a los moros.

Morven (inglés). Hijo del mar.

Moses (hebreo). Forma de Moisés. Variantes: Moshe, Moss.

Mosíah (hebreo). El rey más justo.

Moswen (africano). Luz en el color.

Muhammad (árabe). Apreciado.

Mukasa (africano). Administrador de Dios.

Munir (árabe). Fuente de luz.

Murdoch (escocés). Protector del mar.

Murphey o Murphy (irlandés). Guerrero del mar. Debe acompañarse de un nombre que indique sexo.

Murray (celta). Marinero.

Mustafá (turco). El elegido.

Muti (árabe). Obediente.

Myles (griego). Inventor del molino de trigo.

Myron (griego). Fragante.

MIS FAVORITOS CON M

N

En la numerología equivale al 5,
símbolo de la expansión y la libertad. La N rompe la rutina.
Amiga de la naturaleza,
es flexible, inquieta y rápida para actuar.

N:NYD

Esta runa, cuyo nombre significa "necesidad", otorga la capacidad para utilizar el destino y tomar las riendas de la vida en las propias manos. El espíritu se forja a través de obstáculos que permiten aflorar los múltiples talentos que el símbolo otorga. Quienes la llevan en su nombre tienen habilidad para la magia del amor. Son personas amantes de la libertad, y poseen mucho ímpetu para seguir adelante y transitar caminos nuevos y más plenos. Es una potente runa de protección espiritual.

MUJERES

Naara (hebreo). Niña pequeña, jovencita. Variante: Nahiara.

Naavah (hebreo). Adorable.

Nabiha (árabe). Astuta, perspicaz.

Nabila (árabe). Noble.

Nacira (árabe). Portadora de la victoria.

Nadal. Forma catalana de Natividad.

Nadia (ruso). Abreviación del nombre Nadezhna (hebreo). Esperanza. La que recibió el llamado de Dios. Variantes: Nadina (eslavo), Nadine (francés).

Nadima (árabe). Amiga y compañera.

Nadina. Forma eslava de Nadia.

Nadine. Forma francesa de Nadia.

Nahir (árabe). Como el arroyo manso.

Naia (griego). Que fluye. Variante: Naida (eslavo).

Nailah (egipcio). Afortunada.

Naima (árabe). Paraíso.

Nais. Variante de Inés.

Naja (africano). Fuerte y estoica.

Najla (árabe). La que tiene ojos grandes.

Najwa (árabe). Apasionada.

Nakita (ruso). Variante de Nikita.

Nala (africano). Afortunada.

Nalani (hawaiano). Tranquilidad de los cielos.

Nalini (sánscrito). Adorable.

Nami (japonés). Ola.

Nan (hebreo). Variante de Hannah.

Naná (griego). La que es niña, joven.

Nancy (inglés). Diminutivo de Hannah.

Nanda (hindú). Llena de gracia.

Nani (griego). Encantadora.

Naomi. Forma inglesa de Noemí.

Napea (latino). De los valles.

Narcisa (griego). La que adormece como un sueño profundo. Variante: Narcissa.

Narda (latino). Consagrada con fervor.

Nariko (japonés). Trueno.

Naroa (vasco). Tranquila, apaciguada.

Nascha (aborigen: indoamericano). Búho. Debe acompañarse con otro nombre que indique sexo.

Nasha (africano). Nacida en época de lluvias.

Nasima (árabe). Brisa.

Nasya (hebreo). Milagro divino.

Natacha o Natasha. Diminutivos eslavos de Natalia.

Natalia (latino). Nacida en Navidad. Variantes: Natala, Natalya, Nathalia, Noel.

Natalie (hebreo). Nacida en Navidad. Variantes: Nasia, Natali, Natalín, Nataly, Nathalie, Netalí.

Natane (aborigen: indoamericano). Hija.

Natesa (hindú). Dios del baile.

Natividad (latino). Hace referencia al nacimiento de Cristo. Variante: Natal.

Natiya (árabe). Resultado.

Natsu (japonés). Nacida en verano. Debe acompañarse de otro nombre que indique sexo.

Nayade (griego). Ninfa, diosa de las aguas.

Nayana (hindú). Ojo.

Nayat (árabe). Salvación.

Nayla (árabe). Buena. De ojos grandes.

Nayua (árabe). Confidencia.

Nazarena (hebreo). Oriunda de Nazaret.

N

Nazareth (hebreo). El brote que floreció. En la Biblia es la ciudad del norte de Israel donde pasó su infancia Jesucristo. Este nombre debe ir precedido por otro que indique sexo.

Neala (gaélico). Campeona.

Neci, **Necia** (latino). Apasionada, fogosa.

Neera (griego). La joven.

Neftalí (hebreo). A la que Dios ayuda en la lucha. Este nombre debe ir acompañado por otro que indique sexo.

Nelda (latino). Apasionada, fogosa, ardiente. Variante de Eleonor.

Nelia. Variante de Eleonor.

Nélida. Variante de Eleonor. Abreviación de Elena y Cornelia. Deriva de Nellie, diminutivo de Helen. Variante: **Nelly**.

Nell, **Nelly** (griego). Piedra. Diminutivo de Nélida.

Nemesia (griego). La que hace justicia distributiva. En la mitología, la diosa de la venganza y la equidad.

Neola (griego). Llena de juventud.

Neona (griego). Luna nueva.

Nerea (griego). La que manda en el mar. Femenino de Nereo. Variante: **Neus** (vasco).

Nereida (latino). Del mar. En la mitología, una de las ninfas, hija de Nereo, mitad mujer y mitad pez.

Nerida (griego). Femenino de Nerio.

Nerina (latino). La que viene del mar. Que vive en la región de Nera (río de Umbria). Una de las ninfas de los mares interiores, hija de Nereo. Variante: **Nerine**.

Nerissa (latino). Hija del mar.

Nessa (griego). Variante de Agnes.

Neta (hebreo). Arbusto.

Netalí. Variante de Natalie.

Neus. Forma vasca de Nerea.

Neysa (griego). Pura.

Niamh (irlandés). Brillante.

Nicolasa o **Nicolaza** (griego). La que conduce al pueblo a la victoria. Variantes: **Coleta**, **Colette**, **Nicola** (italiano), **Nicole** (francés), **Nichole**, **Nicolette** (francés), **Nijole** (eslavo), **Nikki** (inglés), **Nikole**.

Nicole. Forma francesa de Nicola.

Nicte (aborigen: maya). Flor.

Nidia o **Nydia** (griego). La que está llena de dulzura y bondad. Nido.

Nieves (latino). Suprema blancura. Se refiere a la Virgen de las Nieves.

Nihad o **Nuhad** (árabe). Montón.

Nijole. Forma eslava de Nicole.

Nikita (ruso). Victoriosa. Variante: **Nakita**.

Nikole. Variante vasca de Nicolasa.

Nilda. Forma reducida de Brunilda.

Nima (árabe). Bendición.

Nimia (latino). Ambiciosa.

Nina (hebreo). Gracia. Diminutivo de Giovannina (variante italiana de Juana). Variante: **Ninon** (francés).

Ninfa (griego). La joven esposa.

Niobe (griego). La que rejuvenece. Helecho.

Nissa (escandinavo). Duende amigable. Variante: **Nisela**.

Nita (aborigen: indoamericano). Oso.

Nitara (hindú). De raíces profundas.

Nitika (hindú). Ángel de las piedras preciosas.

Nitzana (hebreo). Florecer.

Nixie (alemán). Espíritu de las aguas.

Noe (hebreo). El que ha recibido a Dios. Debe acompañarse con otro nombre que indique sexo.

Noel (francés). Nacida en Navidad.
Variante de Natalia. Este nombre debe ir
acompañado por otro que indique sexo.
Noelani (hawaiano). Niña hermosa de
los cielos.
Noelia (latino). Femenino de Noel.
Variantes: Noelí, Noella (francés),
Noelly.
Noemí (hebreo). Delicia, dulzura.
Variante: Naomi (inglés).
Noma (africano). Labranza.
Nominanda (latino). La que será elegida.
Nora (griego). Luz. Niña. Abreviatura de
Eleonora. Variantes: Norah, Noreen
(celta), Noralí, Norina (inglés).
Norberta (germánico). Resplandor del
Norte. Mujer famosa del Norte.
Noreel (escandinavo). Del Norte.
Noreen. Variante celta de Nora.
Nori (japonés). Doctrina. Variante:
Noriko.
Norma (latino). La que da reglas. Que
proviene del Norte. Es uno de los
nombres más antiguos, documentado en
1203.
Nova (latino). Nueva. Variante: Novella.
Nubia (latino). Nube.
Numa o Numas (griego). Da normas y
establece leyes.
Numeria (latino). La que elabora, que
enumera.
Nuna (aborigen: indoamericano). Tierra.
Nuncia (latino). La que da mensajes, la
que anuncia.
Nunila. La hija novena.
Nur (árabe). Luz.
Nuria (latino). Fuego de Dios.
Advocación catalana de la Virgen María.
Lugar del poblado entre los cerros.
Nuriya. Variante de Nuria.

Nusa (húngaro). Gracia.
Nyako (africano). Niña.
Nydia (latino). Refugio.
Nyko (japonés). Joya.
Nysa (griego). La meta.
Nyssa (griego). Comienzo.
Nyx (griego). Noche.

MIS FAVORITOS CON N

N

Naaman (hebreo). Placentero.

Nabil (árabe). Noble. Escoger, purificar.

Nabor (hebreo). La luz del profeta.

Nacho. Diminutivo de Ignacio.

Nada (árabe). Generoso.

Nadav (hebreo). Generoso.

Nadir (árabe). El opuesto. Venado.

Naeem (africano). Bueno.

Nahele (hawaiano). Bosque.

Naim (árabe). Deleitoso, de gran belleza.

Naji (árabe). Seguro.

Namer (hebreo). Leopardo.

Nantan (aborigen: indoamericano). Orador.

Naoko (japonés). Honesto.

Napier (español). Ciudad nueva.

Napoleón (griego). El que viene de la nueva ciudad (Nápoles). Otro significado es "el león del valle".

Narciso (griego). El que está durmiendo. Variantes: Narcis (catalán), Narcisse (francés), Narkis (vasco).

Nardo (español). Forma de Bernardo. Oso formidable.

Natal (latino). Nacido en Navidad.

Natalio, Noel o Noelino. Variantes de Natal.

Natan (hebreo). Regalo de Dios. Variantes: Nat, Natanael, Nataniel, Nate, Nathan, Nathanel.

Natzari (catalán). Variante de Nazario.

Nayib (árabe). Inteligente.

Nazar. Variante de Nazario.

Nazareno (hebreo). El que se aísla por haber hecho voto de soledad. Gentilicio de la ciudad de Nazaret.

Nazaret o Nazareth (hebreo). Brote florido. Este nombre debe ir acompañado por otro que indique sexo.

Nazario (hebreo). Dedicado a Dios.

Neandro (griego). Joven y varonil.

Nebrido (griego). Grácil como un cervatillo.

Nectario (latino). El que endulza la vida con néctar.

Neftalí (hebreo). Al que Dios ayuda en su lucha. Debe ir acompañado por otro que indique sexo.

Nehemías (hebreo). Dios es mi consuelo.

Neil (gaélico). El vencedor.

Nelo (inglés). Hijo de Neil.

Nelson (celta). El hijo de Neil.

Nemesio (griego). El que hace justicia distribuyendo los bienes.

Neptuno (griego). El dios del mar. Variante: Neptune.

Nereo (griego). Fluir, nadar. El que manda en el mar. Dios marino, esposo de Doris, hijo de Océano y Tetis, y padre de las 50 nereidas. Variantes: Nera, Nereu, Nerio.

Nerón (latino). Muy fuerte e intrépido.

Néstor (griego). Al que se recuerda con afecto. Viajero. Variante: Nestorio.

Nevada (latino). Con nieve. Debe acompañarse de un nombre que indique sexo.

Nevan (irlandés). Sagrado.

Neville (latino). Del pueblo nuevo.

Nevin (celta). Sobrino.

Nevio (latino). Nombre de un poeta romano, precursor de Virgilio.

Newton (inglés). Pueblo nuevo.

Nibal (árabe). Flechas.

Nicandro (griego). Vencedor de los hombres.

Nicanor (latino). El conquistador victorioso. Uno de los siete elegidos por los apóstoles para el cuidado de los pobres.

Nicasio (griego). El vencedor.

Niceas (griego). El de la gran victoria.

Nicéforo (griego). El que da la victoria.

Niceto (griego). El victorioso.

Nicholas (griego). Victoria de la gente. Variantes: Nick, Nicky.

Nicodemo (griego). Victorioso de su pueblo.

Nicolás (griego). Victorioso en el pueblo. Variantes: Nicola, Nicholas (inglés), Nick, Nicky.

Nicomedes (griego). El que prepara las victorias.

Nicon (griego). El victorioso.

Nien (vietnamita). Año.

Nigel (latino). Oscuro.

Nika (griego). Victoria. Debe acompañarse de un nombre que indique sexo. Variantes: Nike, Nikki.

Nikolos (griego). Gente victoriosa.

Nilo (egipcio). Vida que emana de Dios. Para los hebreos, el río por antonomasia.

Nils (escandinavo). Campeón.

Nino (caldeo). Dueño de palacios. Variante: Niniano.

Nisim (hebreo). Milagros.

Nissan (hebreo). Cantar. Agüero.

Nixon (inglés). Hijo de Nick.

Noah (hebreo). Descanso, paz.

Noam (hebreo). Amigo dulce.

Nodin (aborigen: indoamericano). Viento.

Noé (hebreo). El que ha recibido consuelo. Paz, descanso.

Noel (latino). Nacido en Navidad.

Noelio. Variante de Natalio.

Nofre (catalán). Variante de Onofre.

Nolan (celta). Famoso y noble.

Nolasco (hebreo). El que parte y deja promesas.

Norberto (germánico). El resplandor que viene del Norte. Variante: Nolberto.

Norman (germánico). Que viene del Norte.

Normando. Variante de Norman.

Norris (inglés). Caballo de Norseman.

Norton (inglés). Del Norte.

Nothelmo (teutón). Que se protege con el yelmo en el combate.

Numa (griego). El que da normas.

Nuncio (latino). El portador de mensajes.

Nuri (árabe). Fuego. Mi inspiración. Mi pasión (hebreo).

Nuru (egipcio). Luz. Debe acompañarse de un nombre que indique sexo.

Nusair (árabe). Pájaro de presa.

Nyle (inglés). Isla.

MIS FAVORITOS CON N

En la numerología equivale al 6,
fiel a la búsqueda del equilibrio y la armonía.
La O está conectada al origen de la vida. Es suave
y familiar, está al servicio de la humanidad.

O:OTHAL

Significa "propiedad hereditaria", y está simbolizada por el recinto fortificado del clan, que define sus límites sagrados y se defiende de intrusos. La descendencia del clan es de origen esencialmente espiritual, y deriva de los ancestros y las acciones pasadas de aquéllos. Es un símbolo de lo heredado por el clan entero a través de las generaciones. Se dice que quien la lleva en su nombre es el guardián del tesoro familiar, material y espiritual, y de los dones y talentos específicos de sus antepasados. Representa la capacidad para administrar de una manera sabia y justa, de acuerdo con la tradición y con la ley.

MUJERES

Obdulia (latino). La que quita las penas y los dolores.

Obelia (griego). Soporte de fuerza.

Oceana (griego). Océano.

Octavia (latino). Octava hija de la familia. Femenino de Octavio. Emperatriz romana que fue asesinada por orden de Nerón, su marido.

Oda (germánico). Señora poderosa, rica, dueña de cuantiosos bienes. Variantes: Odaia, Odele, Odette (francés), Odila, Odilia, Otilde, Otilia.

Odelia (hebreo). La que adora a Dios.

Odera (hebreo). Arar.

Odessa (griego). Viaje largo.

Odetta (germánico). Melodía.

Odette. Forma francesa de Oda.

Odila (germánico). Diminutivo de Oda. Patrona de Alsacia. Variantes: Otilde, Otilia.

Odina (aborigen: indoamericano). Montaña.

Ofelia (griego). La caritativa, la que socorre. Personaje femenino de "Hamlet", de William Shakespeare. Variante: Ophelia.

Ofira (hebreo). Oro.

Ohanna (armenio). El regalo bondadoso de Dios.

Okelani (hawaiano). De los cielos.

Oki (japonés). En medio del mar.

Olalla. Forma catalana de Eulalia.

Olaya. Variante de Eulalia.

Olena (ruso). Variante de Helena.

Olessia (polaco). Ayudante y defensora de la humanidad.

Oletha (escandinavo). Ligera.

Olga (ruso). Forma del nombre escandinavo Helga, la sublime.

Oliana (hawaiano). Adelfa: flor del arbusto del mismo nombre que brota en verano.

Olimpia (griego). La que pertenece al Olimpo, en la mitología, la montaña donde moraban los dioses. Variante: Olympia.

Olinda (germánico). La protectora de la propiedad. Variante: Olina.

Olivia (latino). La que trae la paz. Proviene de "Oliva": la aceituna era en Grecia símbolo de la gloria, y en la Biblia, de la paz. Variantes: Oliva, Olive.

Olwen (galés). Pisada blanca.

Olympia. Variante de Olimpia.

Oma (hebreo). Reverendo.

Omega (griego). Final.

Ona (eslavo). Llena de gracia. Diminutivo de Ramona.

Ondina (latino). Doncella de las olas. Espíritu elemental del agua en la mitología nórdica.

Onella (griego). Luz. Variante: Onelia.

Oni (africano). Plegaria.

Onida (aborigen: indoamericano). Muy esperada.

Onora (latino). Honor. Variante: Honoria.

Oona (latino). Uno.

Opal (sánscrito). Referido al ópalo, una piedra preciosa.

Ophelia (griego). Serpiente. Variante de Ofelia.

Oprah (hebreo). De oro.

O

Ora (latino). Luz.

Oralee (hebreo). Mi luz. Variantes:
Oralie (latino), Orlee, Orli, Orly.

Oralia (latino). Soplo, brisa.

Orela (latino). Anuncio de los dioses.

Orenda (aborigen: indoamericano).
Poder mágico.

Orfilia (germánico). La mujer lobo.

Oria (latino). De oro, dorada, muy
valiosa. Del Oriente.

Oriana (griego). Dorada. Forma
compuesta por Oria y Ana. Variantes:
Orian, Oriane, Orianna, Oriel (francés),
Orieta, Orietta (italiano).

Orla (celta). Mujer dorada.

Orlantha (alemán). De la tierra.

Orleans (francés). Dorada.

Orlee (hebreo). Variante de Oralee.

Orly. Variante de Orlee. Debe
acompañarse con otro nombre que
indique sexo.

Ornela, Ornella (latino). La que es como
el fresno florido.

Orquídea (italiano). Hermosa como la
exquisita flor de ese nombre, de formas
curiosas y nombres variados.

Orsa (latino). Forma de Úrsula.
Variantes: Osa, Osita.

Otilde, Otilda. Variantes de Odila.

Otilia. Variante de Otelo, diminutivo de
Oton.

Ova (latino). Huevo.

Ovidia (germánico). La que cuida las
ovejas. Forma femenina de Ovidio.

Ozana (hebreo). Salve. Variante: Oxana.

MIS FAVORITOS CON O

- 128 -

Oakes (inglés). De la arboleda de robles.

Oakley (inglés). Campo de robles.

Obdulio (latino). El que suaviza las penas.

Obed (hebreo). Siervo, sirviente. En la Biblia, abuela de David, antepasado de Jesucristo.

Oberon (alemán). Noble, parecido a un oso.

Obert (alemán). Nutria.

Oberto. Variante de Alberto.

Octavio (latino). Octavo hijo de la familia, de la gens romana. Octavio descendía del emperador Augusto, cuyo padre Cayo Octavio se casó con una hermana de Julio César. Variante: Octaviano.

Odeberto (teutón). El que brilla por sus posesiones.

Oderico (teutón). Par de un príncipe en riqueza y nobleza.

Odilón (teutón). Dueño de cuantiosa herencia.

Odin (escandinavo). Dios superior de la mitología nórdica. Guerrero todopoderoso.

Odiseo (griego). Nombre de Ulises, héroe griego cuyas aventuras fueron narradas por el poeta Homero en su libro "La Odisea".

Odo (germánico). Rico y feliz. Variante: Odilon.

Odoacro (germánico). El que vela su herencia.

Odolf (alemán). Lobo próspero.

Odon (húngaro). Protector rico.

Ofer (hebreo). Venado pequeño.

Ofir (hebreo). El feroz.

Og (árabe). Gobernante del rey.

Ohanko (aborigen: indoamericano). Inquieto.

Ohio (aborigen: indoamericano). Río grande. Debe acompañarse de un nombre que indique sexo.

Oke (hawaiano). Forma de Oscar. Fuerza divina.

Olaf (germánico). El glorioso.

Olegario (germánico). El que domina con su fuerza y con su lanza.

Oleguer (catalán). Variante de Olegario.

Olimpo (griego). Fiesta, cielo, referente al monte o santuario Olimpo.

Olin (escandinavo). Acebo.

Oliver. Forma inglesa de Oliverio. Variante: Ollie.

Oliverio (latino). Que procede de Olivia. Otro significado es "que trae la paz".

Omar (árabe). El elocuente. El constructor. Del árabe, "el que tiene larga vida". Nombre del segundo califa del Islam y famoso conquistador. Variantes: Omaro, Omer, Omero.

Onán (hebreo). Que tiene mucha fuerza.

Onésimo (griego). Que es útil y provechoso.

Onkar (hindú). Ser puro.

Onofre (germánico). Defensor de la paz. Uno de los pocos nombres del Egipto Antiguo que sobrevivieron en el mundo moderno.

Onur (turco). Honor.

Oran (celta). Verde.

Orane (francés). Creciente.

Orangel u Horangel (griego). El mensajero de las alturas o de la montaña.

O 🐌

Ordell (latino). Comienzo.
Oren (hebreo). Fresno.
Orencio (griego). Juez examinador.
Orestes (griego). El que ama la montaña.
Hijo de Agamenón y Clitemnestra.
Trágico vengador de su padre.
Orfeo (griego). Que tiene buena voz.
Hijo del rey tracio Eagro, hijo de
Calíope (una de las musas).
Ori (hebreo). Mi luz.
Oriel (hebreo). Mi luz proviene de Dios.
Orígenes (griego). Que viene del Sol
(Horus).
Oringo (africano). Aquel que goza la caza.
Orión (griego). Gigante cazador.
Portador de las aguas.
Orlando (germánico). Hombre que
viene del país glorioso. Tierra del oro.
Orman (inglés). Hombre con lanza.
Ormand (alemán). Serpiente.
Oro (español). Dorado.
Oroncio (persa). Corredor.
Orosco (griego). Que vive en los
montes.
Orrin (inglés). Río.
Orson (latino). Oso. Variantes: Orsen,
Orsin.
Ortzi (vasco). Cielo.
Orvin (inglés). Amigo con lanza.
Osam (irlandés). Variante de Oisin.
Pequeño siervo.
Osborne (germánico). Soldado de Dios.
Oscar (germánico). La lanza de los
dioses. Variante: Oskar (escandinavo).
Osgood (inglés). Divinamente bello.
Osías, Oseas, Ozias (hebreo). El Señor
me sostiene. Salvación Divina. Dios es
mi alma. Uno de los llamados profetas
menores, hijo de Beeri, oriundo del reino
del norte. Allí ejerció el profetismo.

Osiris (egipcio). Que posee vista
poderosa. Hijo de Nut y esposo de Isis.
Divinidad creadora, principio del Bien.
Osmán (árabe). Dócil como un pichón.
Osmar (inglés). Divino, fabuloso.
Osmundo (germánico). El protector
divino.
Osvaldo u Oswaldo (germánico). El
gobernante divino. Variante: Oswald
(inglés).
Otadan (aborigen: indoamericano).
Abundante.
Otilio (latino). Inquieto, vacilante.
Otis (griego). Con buen oído.
Otón (germánico). El señor poderoso.
Variantes: Othon (francés), Otelo.
Otoniel u Otniel (hebreo). Dios es mi
fuerza.
Otto (teutón). Dueño poderoso de sus
bienes. Variante: Ottón.
Ottokar (alemán). Guerrero feliz.
Overton (inglés). Pueblo superior.
Ovid (latino). Con forma de huevo.
Ovidio (latino). Cuidador de ovejas.
Owen (celta). Guerrero joven.
Oz (hebreo). Fuerza. Debe acompañarse
de un nombre que indique sexo.
Variante: Ozzie.
Oziel (hebreo). Tiene fuerza divina.

MIS FAVORITOS CON O

🐝 _____

🐝 _____

🐝 _____

En la numerología equivale al 7,
un dígito místico, espiritual y filosófico.
A la P le atraen el pensamiento y las profundidades.
Es intelectual y tiene facilidad para la meditación.

P: PEORDH

Esta runa representa un cubilete de dados, elemento utilizado como mecanismo para echar suertes. Se la asocia con la sincronicidad, y se dice que quienes contienen este símbolo en su nombre están habilitados para descubrir y rastrear los caminos más directos para alcanzar sus metas. Otorga buena estrella y capacidad de adaptación inmediata a nuevas circunstancias. Entre sus poderes mágicos, se la utiliza para adquirir valentía.

Paciencia (latino). La que sabe esperar. Variante: Patience (inglés).

Paddy. Diminutivo inglés de Patricia.

Pakuna (aborigen: indoamericano). Venado saltando la loma hacia abajo.

Palaciada (griego). La de mansión suntuosa. Variante: Palaciata.

Paladia (griego). Protegida por Palas Atenea, diosa de la sabiduría.

Palas (griego). Sobrenombre de Atenea, hija de Zeus, diosa de la sabiduría y de la guerra.

Palesa (africano). Flor.

Palixena (griego). La que retorna del extranjero.

Palma (latino). Simboliza la victoria.

Palmiera (español). Palmera.

Palmira (latino). La que vive en la ciudad de las grandes palmas. Femenino de Palmiro, el peregrino.

Paloma (latino). Apacible y mansa. Proviene de "palumba": pichón salvaje de color pálido, dulce y suave. En el Antiguo Testamento, la paloma es el símbolo de la paz.

Pam (griego). Toda miel.

Pamela (griego). La que gusta del canto y la música. Pura dulzura, miel. Que usa sombrero de paja, bajo de copa y ancho de alas. Variante: Pamelia.

Pampa (aborigen: quechua). Pueblo amerindio de probable origen tehuelche, que habitó la llanura del centro argentino. Debe acompañarse con otro nombre que indique sexo.

Panambí (aborigen: guaraní). Mariposa.

Pancracia (griego). Que tiene todo el poder.

Pandita (hindú). Estudiosa.

Pandora (griego). La que posee muchas virtudes. Tiene y es poseedora de todos los dones. En la mitología, la primera mujer a quien los dioses entregaron la totalidad de los dones en una caja. Cuando la abrió, escaparon todos menos la esperanza.

Panphila (griego). Toda querida.

Pansy (americano). Flor.

Panthea (griego). De todos los dioses.

Panya (latino). Coronada con laureles.

Paola o Pola (latino). Forma italiana de Paula.

Papina (aborigen: indoamericano). Hiedra.

Partenia (griego). La que es pura como una virgen.

Pascale (francés). Pascuas.

Pascha (hebreo). Pasar por encima.

Pascua, Pascualina (hebreo). La que nació durante las fiestas pascuales. Sacrificio por el pueblo. Variante: Pascasia.

Pasha (griego). Mar.

Pastora (latino). Femenino de Pastor, el que cuida su rebaño.

Patia (español). Hoja.

Patience (latino). Paciencia.

Patricia (latino). De noble estirpe. Variantes: Paddie, Patsy, Patty (inglés).

Paula (latino). Pequeña, menuda. Variantes: Paola (italiano), Paule, Paulette (francés), Paulina, Pauline, Pavla (eslavo), Pola (italiano).

Paulette. Variante francesa de Paula.

Paulina. Variante de Paula.

Paun (indígena). Nube.

Pavla. Forma eslava de Paula.

Paz (latino). Serenidad, sosiego, calma. Variante: Peace (inglés).

Pazia (hebreo). Dorado.

Peace (inglés). Armonía.

Pearl (latino). Joya del mar. Variante inglesa de Perla. Variantes: Pearlie, Pearly.

Pegeen (griego). Una perla.

Peggy. Diminutivo inglés de Margaret.

Pelagia (doble origen). Griego: del mar. Latino: de color púrpura.

Pemba (africano). La fuerza de la existencia presente.

Penda (swahili). Amor.

Penélope (griego). Tejedora. Símbolo de la fidelidad conyugal. En la mitología, esposa de Ulises, famosa por la paciencia y la fidelidad con que vivió la prolongada ausencia de su esposo, tejiendo y destejiendo. Variantes: Penney, Penny.

Peninah (hebreo). Perla, coral. Variante: Peninna.

Penny. Diminutivo inglés de Penélope.

Penthea (griego). La quinta. Lamento.

Peñen (aborigen). Promesa.

Peonia, **Peony** (griego). Oriunda de Peonia, al norte de Macedonia. Nombre de la planta que da flores homónimas: pequeñas, blancas o rojas, en espiga, y de un rojo vivo con un lunar negro, que se usan para collares, pulseras y rosarios.

Peri (griego). Árbol de peras. Variante: Perry.

Perla (latino). Preciosa. Persona de excelentes prendas. La exquisita. Variantes: Pearl (inglés), Pearlie, Pearly, Pegeen.

Perpetua (latino). La que avanza de manera continua. Siempre fiel.

Perseveranda (latino). La que persevera en el buen camino.

Persis (griego). Mujer persa.

Petra (latino). Firme como una roca, piedra. Forma femenina de Pedro. Variante: Pierrette.

Petrona (latino). Que pertenece a la noble familia romana Petronia (de los Pedros, familia plebeya de Roma). Variantes: Piera, Pierina.

Petronila. Variante de Petrona.

Petula (latino). Impaciente.

Petunia (aborigen: indoamericano). Planta con flores homónimas, en forma de embudo, grandes, olorosas y de diversos colores.

Phaedra (griego). Encendida.

Phedra (griego). Brillante.

Phemia (griego). Dios del idioma.

Phila (griego). Amante de la humanidad. Variantes: Philana, Philena, Philine.

Philomena (griego). Amante de la Luna.

Phoebe (griego). Brillante.

Phylicia (griego). De Felicia: feliz.

Phyliss o **Phyllis** (griego). Hoja.

Pía (latino). Inclinada a la piedad. Piadosa, que cumple su deber para con los dioses.

Piedad (latino). Se refiere a esa virtud, piadosa, religiosa.

Piera. Variante de Petrona.

Pierina. Variante de Petrona.

Pierrette. Variante de Petra.

Pilar (latino). La que vive sobre las piedras. Nombre dado a la Virgen de Zaragoza, que apareció al apóstol Santiago en las orillas del río Ebro, sobre un pilar de mármol.

Pilmayquen (aborigen: araucano). Golondrina.

Pimpinela (latino). La tornadiza.

Piper (inglés). Flautista.

Pirra (griego). Hija de Epimeteo y Pandora.

Pita (africano). Cuarta hija.

Piuque (aborigen: araucano). Corazón. Este nombre debe ir acompañado de otro que indique sexo.

Plácida (latino). Femenino de Plácido, el calmo y tranquilo.

Pleasance (francés). Aceptable.

Polidora (griego). La que entrega dones.

Polimnia (griego). Una de las nueve musas, inspiradora de los himnos. La que canta.

Polixena (griego). Hospitalaria.

Polly (hebreo). La perfecta. Derivado de Molly, y éste de María.

Poloma (aborigen: indoamericano). Arco.

Pomona (latino). Diosa romana de los árboles frutales.

Poni (africano). Segunda hija.

Popea (griego). La madre venerable.

Poppy (latino). De la flor amapola.

Porcia (latino). Perteneciente a la familia romana de los Porcio.

Poria (hebreo). Fructífera.

Porsche (latino). Ofrenda.

Portia (latino). Ofrenda.

Práxedes (griego). De firmes propósitos. La emprendedora.

Preciosa (latino). Que posee gran valor y precio.

Presentación (latino). La que se manifiesta.

Prima (latino). Primera.

Primavera (latino). La de pleno vigor.

Primitiva (latino). La primera de todas.

Primrose (inglés). Primera rosa.

Princesa (latino). Hija del rey.

Prisca (latino). La anciana. La respetable. La antigua.

Priscila (latino). De otra época, la antigua. Variante: **Priscilla**.

Procopia (latino). Progresiva.

Proserpina (griego). La que desea aniquilar.

Prudencia (latino). Que obra con juicio y sensatez. Variantes: **Prudence** (inglés), **Prudenciana**, **Prue**.

Prunella (latino). Pequeña ciruela.

Psyche (griego). Espíritu.

Pulqueria (latino). La hermosa.

Pura (latino). La que no tiene mancha.

Purificación. Variante de Pura.

Purity (inglés). Pureza.

Pyrena (griego). Ardiente.

Pythia (griego). Profeta.

MIS FAVORITOS CON P

- 135 -

VARONES

Pablo (latino). Pequeño. Judío de Tarso, de nacimiento romano, perseguidor de los romanos, se convirtió a Cristo. Su figura es muy importante en el relato bíblico, al narrar uno de los cuatro evangelios.

Pace (latino). Paz. Variante: Paciano.

Paciente (latino). El que sabe esperar.

Pacífico (latino). Que busca la paz.

Paco (aborigen: indoamericano). Águila.

Paddy (irlandés). Variante de Patrick.

Pafnucio (griego). El rico en méritos.

Page (griego). Joven, asistente. Debe acompañarse de un nombre que indique sexo. Variante: Paige (inglés).

Paki (africano). Testigo.

Palash (hindú). Árbol con flores.

Palatino (latino). El que viene del monte Palatino.

Palben (vasco). Rubio.

Pallas (griego). Entendimiento.

Palmiro. Portador de palmas. Variante: Palmer (inglés).

Palti (hebreo). Mi escape, liberación.

Pampa (aborigen: quechua). Pueblo amerindio de probable origen tehuelche, que habitó la llanura del centro argentino. Debe acompañarse de otro nombre que indique sexo.

Pampín (latino). El que tiene vigor como el brote de una planta.

Panas (ruso). Inmortal.

Panbil (vasco). Variante de Pánfilo.

Pancho (español). Forma de Francisco.

Pancracio (griego). Que tiene todo el poder.

Pánfilo (griego). El amigo querido por todos.

Pantaleón (griego). El que domina todo. Todo misericordioso.

Panteno (griego). El que es digno de toda alabanza.

Paolo. Variante de Pablo.

Papias (griego). El padre venerable.

Paramesh (hindú). El mejor.

París (griego). El que mejor socorre. Hijo de Príamo, rey de Troya y de Hecuba. Variante: Parisio.

Park (chino). Árbol de ciprés. Debe acompañarse de un nombre que indique sexo.

Parker (inglés). Protector del parque.

Parlan (irlandés). Derivado de Bartholomew. Loma, zanja.

Parley (francosajón). Hablar. Debe acompañarse de un nombre que indique sexo.

Parménides (griego). Que es constante.

Parmenio (griego). Hombre constante, fiel. Uno de los siete que escogieron los apóstoles en Jerusalén para el cuidado de los pobres. Variante: Parmenas.

Parnell (francés). Pequeño Pedro.

Parodio (griego). El que imita el canto.

Parrish (inglés). Distrito de Iglesias.

Parry (galés). Hijo de Harry.

Parson (sajón). Ministro, clero.

Partemio (griego). Virgen, sobrenombre de Palas Atenea. De aspecto puro y virginal.

Parthenios (griego). Santo griego ortodoxo.

Pascal (hebreo). Variante de Pascua.

Pascua (hebreo). Referido a la Pascua, al sacrificio del pueblo.

Pascual (latino). El que nació en las fiestas pascuales. En el santoral, un papa del siglo IX.

Pastor (latino). Que cuida sus ovejas.

Pat (inglés). Hombre noble. Debe acompañarse de otro nombre que indique sexo.

Patamon (aborigen: indoamericano). Furioso.

Patch (inglés). Derivado de Peter.

Paterno (latino). Perteneciente al padre. Variante: Paterniano.

Patrice (francés). Variante de Patricio.

Patricio (latino). De noble estirpe. Patricio era el descendiente de los primeros senadores establecidos por Rómulo. Procede de "patres" en el sentido jurídico y político. Significa de padre noble o libre. San Patricio, patrono de Irlanda (siglo V). Variantes: Pat, Patrick (inglés).

Patrocinio (latino). Intercesión, protección, amparo. El nombre de pila se debe a dos fiestas católicas: la del patrocinio de Nuestra Señora, originariamente concedida solamente a la Iglesia de España, y la del patrocinio de San José.

Patrocio (griego). La gloria de su padre. Amigo y compañero de Auiles, hijo de Nemecio y de Estenele.

Patterson (irlandés). Hijo de Pat.

Patton (inglés). Del castillo del guerrero.

Paul (francés). Forma de Pablo.

Paulin (latino). Derivado de Pablo.

Paulino. Diminutivo de Paulo.

Paulo (latino). Variante de Pablo.

Pausidio (griego). El pausado, el calmo.

Pavel (ruso). Variante de Pablo.

Pavit (hindú). Puro.

Paxton (alemán). Comerciante. Debe acompañarse de un nombre que indique sexo.

Payton (escocés). Pastor, guardián. Debe acompañarse de un nombre que indique sexo.

Paz (hebreo). Paz de Dios. Debe acompañarse de un nombre que indique sexo.

Peder (griego). Piedra.

Pedro, Petronio o Petrus (latino). Que es firme como una roca. El nombre indica la función del que lo lleva. Cuando Jesús da a Simón la misión de ser la roca sobre la que edificará su iglesia, el apóstol toma el nombre de Pedro. Variantes: Peer (noruego), Peter (inglés).

Pegaso (griego). Nacido junto al manantial.

Pelayo o Pelagio (griego). Excelente marino.

Pelegrino o Peregrino (latino). El que viaja.

Peleo (griego). Hijo de Eudeis y de Eaco, hermano de Telamon.

Pelham (sajón). Piel.

Pelope (griego). De tez morena.

Pelton (inglés). Pueblo al lado del agua.

Pembroke (inglés). Una loma quebrada.

Penley (inglés). Pradera cercada.

Pepin (alemán). Determinado.

Pepper (latino). De la planta de la pimienta. Debe acompañarse de un nombre que indique sexo.

Percival (francés). Que atraviesa el valle. Variantes: Perceval, Percy.

Perfecto (latino). Íntegro, sin errores, sin defectos.

Periandro (griego). Se preocupa por los hombres.

Pericles (griego). El que tiene amplia gloria. Estadista ateniense del siglo V antes de Cristo, en cuyo nombre se compendia la mayor gloria de la civilización griega.

Perpetuo (latino). De fin inmutable, permanece fiel a su fe.

Perrin (griego). Árbol de peras. Variante: Perry (inglés).

Perseo (griego). El devastador, destructor. Hijo de Danae y Zeus.

Perth (escocés). Arbusto con espinas.

Pervis (latino). Pasaje.

Peter (griego). Piedra.

Petronio. Variante de Pedro.

Petros (griego). Pedro.

Peverell (francés). Gaitero.

Peyo (español). Variante de Pedro.

Philander (griego). Amante de la humanidad.

Phillip (griego). Amante de los caballos. Variantes: Felipe (español), Phil.

Philo (griego). Amor.

Phoenix (griego). Morado. Debe acompañarse de otro nombre que indique sexo.

Pier o **Pierre** (francés). Variante de Pedro.

Pierce (griego). Variante de Pedro.

Piero (latino). Hijo de Magnes y de Melibea. Se cuenta que fue amado por la musa Clío.

Pierson (inglés). Hijo de Peter.

Pigmalion (latino). Escultor.

Pilan (aborigen: indoamericano). Esencia suprema.

Pilato (latino). Soldado armado con una pica.

Pin (vietnamita). Niño fiel.

Pío (latino). El que es piadoso y observador de las reglas morales.

Piperión (griego). El que trafica con pimienta.

Pipino (latino). El de pequeña estatura.

Pirro (griego). Pelirrojo, color del fuego ardiente.

Pitágoras (griego). El que es como un oráculo divino.

Pitney (inglés). Isla del hombre con voluntad.

Plácido (latino). El que es manso y sosegado. Calmado, silencioso.

Platón (griego). De espaldas anchas. Célebre filósofo así llamado por su gran estatura y recia complexión.

Plauto o **Plotino** (griego). El que tiene pies planos.

Plinio (latino). El que tiene muchos dones.

Plubio (griego). Hombre de mar.

Plutarco (griego). Príncipe rico.

Plutón (griego). Dueño de muchas riquezas.

Pnalemon (griego). Derivado del verbo luchar, batallar. El luchador, el que combate. En la mitología, un dios marino favorable a los náufragos, identificado con el latino "Portunus", dios de los puertos.

Pnardulfo (germánico). Guerrero arrojado, armado con hacha.

Pnenn (inglés). Recinto.

Policarpo (griego). Produce abundantes frutos.

Polidoro (griego). De virtudes.

Poliecto (griego). El que es muy deseado.

Polifemo (griego). De quien se habla mucho.

Polión (griego). El señor poderoso que protege.

Polo (africano). Caimán.

Pompei (catalán). Variante de Pompeyo.

Pompeyo (griego). El que encabeza la procesión. Variante: Pompeo.

Pomponio (latino). El amante de la grandeza y de la pampa.

Ponce (español). Quinto. Variante de Poncio.

Poncio (griego). Venido del mar.

Porfirio (sirio). El vestido magníficamente de color púrpura.

Porter (latino). Guardián de las rejas.

Poseidón (griego). El dueño de las aguas.

Potenciano (latino). El que domina con su imperio.

Prantxes (vasco). Variante de Francisco.

Prentice (latino). Novato, el que aprende.

Prescott (inglés). Cabaña del sacerdote.

Presley (inglés). Pradera del sacerdote.

Preston (inglés). Estado del sacerdote.

Príamo (griego). El que ha sido rescatado.

Prilidiano (griego). Que recuerda las cosas pasadas. El que pertenece a la danza guerrera.

Primo (latino). El primogénito, primer hijo.

Prince (desconocido). Primero, príncipe.

Prisc. Variante catalana de Prisco.

Probo (latino). De conducta moral.

Procio (griego). El que está cerca de la gloria.

Procopio (griego). El que progresa.

Proctor (latino). Oficial.

Promaco (griego). El que se apresta para el combate.

Prometeo (griego). El que es semejante a Dios. Hijo del titán Japeto y de la oceánide Climene.

Prosdocimo (griego). El esperado.

Próspero (latino). El que tiene fortuna.

Proteo (griego). Divinidad marina de carácter oracular. Su morada estaba en la isla de Faros. Señor de las ondas del mar.

Proterio (griego). El que precede a todos los demás.

Prudenciano (latino). Modesto y honesto.

Prudencio (latino). Que obra con sensatez y recato. Variante: Prudens (alemán).

Pryor (latino). Jefe del monasterio.

Publio (latino). El que es popular.

Purdy (hindú). Solitario.

Purlan (vasco). Variante de Froilán.

Pusaki (aborigen: yaghan). Fuego.

Putnam (inglés). Habitante del lago.

Pyralis (griego). Del fuego. Debe acompañarse de otro nombre que indique sexo.

MIS FAVORITOS CON P

En la numerología equivale al 8 ,
símbolo del karma y del infinito. La Q es la
quintaesencia de la capacidad de decisión, muy
querida por su sentido del equilibrio y de la justicia.

Q:KENAZ

Es la misma runa que se utiliza para la letra C y la letra K. Significa "antorcha".
Representa el fuego controlado por la humanidad. A quien la lleva en su nombre otorga capacidad de adquirir sabiduría técnica y de aprender para poner en práctica. Da conocimiento combinado con habilidad.
Es la runa de los artistas y de los artesanos. Su atributo es la pasión como energía disparadora de creatividad. Como símbolo mágico, representa la capacidad de concentrarse en lo positivo.

MUJERES

Qamra (árabe). Luna.

Qi (chino). Jade.

Qiao (chino). Bonita, hermosa.

Qimat (hindú). Valiosa.

Queena (inglés). Reina. Variante: Queenie.

Quella (inglés). Calmar.

Quennell (francés). Roble.

Querida (español). Amada.

Querima (árabe). La generosa.

Querubina (hebreo). La que es como un becerro alado. Espíritu celeste del primer coro angélico.

Queta. Diminutivo de Enriqueta.

Quetzal (aborigen: azteca). Ave de plumaje verde tornasolado y muy brillante. Debe acompañarse de otro nombre que indique sexo.

Quillan (celta). Cachorra. Debe acompañarse de otro nombre que indique sexo.

Quillén (aborigen: araucano). La lágrima. Debe acompañarse de otro nombre que indique sexo.

Quincy (francés). Quinta hija.

Quinlan (celta). Muy fuerte. Debe acompañarse de otro nombre que indique sexo.

Quinn (celta). Sabio. Debe acompañarse de otro nombre que indique sexo.

Quinta (latino). La quinta. Variantes: Quintana, Quintina.

Quionia (griego). La que es fecunda.

Quirina (latino). La que lleva la lanza. Forma femenina de Quirino.

Quirita (latino). Ciudadana.

Quiteria (latino). Epíteto de Venus. Santa Quiteria fue una mártir española del siglo II; se la suele invocar contra la rabia.

Quiterie (francés). Tranquila.

Quynh (vietnamita). Rubí.

Qwara (africano). Nombre de una tribu etíope.

MIS FAVORITOS·CON Q

VARONES

Quarto (latino). El cuarto hijo.

Quentin (latino). Quinto.

Querubín (hebreo). El becerro alado. Seres angélicos que están cerca de Dios.

Quico (español). Diminutivo de Francisco.

Quillan (celta). Cachorro. Debe acompañarse de otro nombre que indique sexo.

Quinby (escandinavo). De la reina del estado.

Quinciano. Relativo al quinto hijo.

Quincy (francés). Variante de Quinciano.

Quinlan (irlandés). Con buena forma, atlético.

Quinn (celta). Sabio. Debe acompañarse de otro nombre que indique sexo.

Quint (catalán). Variante de Quinto.

Quintilio, **Quintiliano** o **Quintilo** (latino). El que nació en el quinto mes. Derivado de "Quintilis", nombre latino del mes de julio (el quinto en el anterior calendario romano). Variante: **Quintilian** (francés).

Quintín. Diminutivo de Quinto.

Quinto (latino). El quinto hijo de la familia.

Quique. Diminutivo de Enrique.

Quirino (latino). El que lleva la lanza. Nombre mitológico griego dado a Rómulo (el legendario fundador de Roma) después de su muerte, aludiendo a la "Curis" (lanza) con que se le representaba en las estatuas. También era un sobrenombre de Marte y de Júpiter.

MIS FAVORITOS CON Q

En la numerología equivale al 9,
símbolo de la iniciación. La R irradia la forma
suprema del amor universal.
Representa la realización mental y espiritual.

R: RAD

Significa "carroza" y el "acto de cabalgar". Representa el orden adecuado del viaje de los luminosos a través de los caminos de los nueve mundos.

Como símbolo de poder, Rad otorga la facultad de encontrar el mejor camino, de acuerdo con un orden natural y sabio, para concretar las propias metas.

Todas las actividades que siguen un ritmo se relacionan con esta runa. Se dice que quienes la tienen marcada en su nombre se sienten a gusto en cualquier actividad que siga una armonía coreográfica, ya sea la agricultura o la danza. También otorga habilidad para el ritual sagrado.

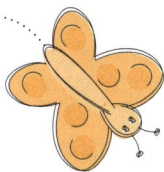

MUJERES

Rabab (árabe). Nube pálida.

Rachael. Variante de Raquel.

Rachel. Forma inglesa de Raquel.

Rachelle. Forma francesa de Raquel.

Radcliffe (inglés). Del peñasco rojo.

Radegunda (germánico). Que aconseja en la lucha.

Radella (inglés). Consejera fantástica.

Radinka (eslavo). Activa.

Radmilla (eslavo). Trabajo para la gente.

Rae (inglés). Gama.

Rafa (árabe). Feliz.

Rafaela o Raphaela (hebreo). Curada por Dios. Dios sana, Dios todo lo cura. Variante: Raffaella (italiano).

Raina (latino). Forma de Regina.

Raingarda (germánico). La defensora prudente.

Raisa (hebreo). Rosa.

Raissa (francés). Pensadora.

Raizel (hebreo). Rosa.

Raja (árabe). Esperanza.

Rama (hebreo). Exaltación.

Ramla (africano). La que predice el futuro.

Ramona (germánico). La protectora, que da buenos consejos.

Ramya (hindú). Bella, elegante.

Ran (japonés). Lirio de agua.

Rane (escandinavo). Reina. Pura.

Rani (hindú). Reina.

Ranita (hebreo). Canción.

Raquel (hebreo). Oveja de Dios. En el Antiguo Testamento, la hija de Laban y esposa predilecta de Jacob.

Raquildis (germánico). La princesa combatiente.

Rashida (africano). Correcta.

Rasia (griego). Rosa.

Rasine (polaco). Rosa.

Ratri (hindú). Noche.

Ratrudis (germánico). La consejera fiel.

Rawnie (inglés). Dama.

Rayén (aborigen: araucano). La flor.

Rayna (hebreo). Pura, limpia.

Raziya (africano). Aceptable.

Rea (griego). Madre de la tierra. Amapola. En la mitología, la hija de Urano y Gea, esposa de Cronos. Al saber que su marido devoraba a sus hijos, consiguió rescatar a Zeus, que más tarde se convirtió en el rey de los dioses.

Reba. Variante de Rebeca.

Rebeca (hebreo). La de belleza encantadora. Amarrada. En el Antiguo Testamento, la esposa de Isaac. Variantes: Rebecca, Rebekah, Ribi, Rimca.

Regina (latino). La reina poderosa. Variantes: Raina, Regis (francés), Reina.

Rei (japonés). Gratitud.

Reidun (escandinavo). Nido adorable.

Reina. Variante de Regina.

Relinda (germánico). La princesa bondadosa.

Remedios (latino). La que alivia y cura los males.

Rena (griego). Paz.

Renata (latino). Que ha vuelto a la gracia de Dios. Variantes: Renate, Renée.

Renée (latino). Que vuelve a nacer. Forma francesa de Renata.

Renita (latino). Resistente.

Reva (latino). Revivida.

R

Reyes. Variante de Reina.

Reyhan (árabe). Favorecida por Dios.

Rhea (griego). Ríos. Variantes: Rheann, Rheanna.

Rhiamon (galés). Bruja.

Rhiannon (galés). Ninfa mitológica.

Rhoda (griego). Rosa. De color rosado. Variante: Rhode.

Rhodanthe (griego). Flor del arbusto de la rosa.

Rhona (celta). Isla áspera.

Rhonda (celta). Grandiosa.

Ria (español). Río.

Ricarda (germánico). La que es muy poderosa. Forma femenina de Ricardo. Variantes: Richelle, Rickie (inglés).

Rida (árabe). Favorecida por Dios.

Rihana (árabe). Albahaca dulce.

Rima (árabe). Antílope.

Rimca. Variante de Rebeca.

Rina (germánico). Que posee el don divino.

Riona (irlandés). Reina.

Rita (latino). Forma reducida de Margarita. Variante: Irta (ruso).

Riva (francés). Costa.

Rivi (hebreo). Diminutivo de Rebeca.

Roberta (germánico). La que resplandece por su fama y su palabra. Forma femenina de Roberto. Variante: Robertina.

Robi (húngaro). Brillando en la fama.

Robyn (alemán). Fama brillante.

Rochelle (francés). Piedra pequeña.

Rocío (latino). La que esparce gracia. Cubierta por el rocío. Variantes: Rocío de Luna, Rocío del Cielo, Rosemarie.

Rohana (hindú). Madera.

Rolanda (germánico). Gloria en su tierra.

Roma o **Romana** (latino). La que viene de Roma. Variantes: Romaine, Romane,

Romanela.

Romilda (germánico). La heroína cubierta de gloria.

Romina (árabe). De la tierra de los cristianos.

Rómula (griego). Fuerte, vigorosa.

Rona (hebreo). Sello.

Ronli (hebreo). La dicha es mía.

Ronna. Variante de Verónica. Variante: Ronny.

Roquelina (latino). Fuerte como una roca. Variante: Roquina.

Rori (alemán). Gobernante famoso.

Rosa (latino). Bella como esa flor. Voz tomada de una lengua mediterránea hablada por un antiguo pueblo que cultivaba esa flor. Variantes: Raisa (hebreo), Raizel (hebreo), Rasia (griego), Rasine (polaco), Rhoda, Rhode, Rodhante (griego), Rosabel, Rosalía, Rosalba, Rosali, Rosalie, Rosalinda, Rosana, Rosaura, Rosi, Rose (inglés), Rosy.

Rosa de Lima. Santa Patrona del Perú.

Rosalba (latino). Rosa blanca, rosa del alba.

Rosalía (latino). Fiesta anual de los romanos en que se colocaban guirnaldas de rosas en las tumbas. Rosa de oro. Variante de Rosa. Forma compuesta por Rosa y Lía. Variantes: Ropsalí, Rosalí, Rosalie (francés).

Rosalina. Formación de Rosa con Lina.

Rosalinda (teutón). Suave y hermosa como una rosa. Variantes: Rosalind, Rosalyn.

Rosamunda (germánico). La protectora de los caballos.

Rosana. La de color rosado. Forma compuesta por Rosa y Ana.

Rosangela. Forma compuesta por Rosa y Ángela.

Rosanne (hebreo). Forma compuesta por Rosa (arbusto de rosa) y Anne (llena de gracia). Variante: Roseanne.

Rosario (latino). Guirnalda de rosas. Este nombre debe ir acompañado de otro que indique sexo.

Rosaura (latino). Rosa de oro.

Rose (inglés). Rosa.

Roselani (origen desconocido). Rosa celestial.

Rosemary (latino). Rocío del mar. Variante: Rosmari.

Rosenda (germánico). La excelente señora. Forma femenina de Rosendo.

Rosetta (latino). Arbusto de rosa. Variantes: Rosi, Rosie.

Rosicler. Forma francesa compuesta por Rosa y Clara. Alude al color rosado y claro del alba.

Rosilda (germánico). La guerrera a caballo.

Rosina (latino). Pequeña rosa. Variante: Rosine.

Rosinda (teutón). Famosa guerrera.

Rosmira (germánico). Célebre guerrera a caballo.

Roswinda (germánico). Guerrera muy famosa.

Rotrauda (germánico). La célebre consejera.

Rowena (celta). Delgada y justa.

Roxana (sánscrito). Aurora, amanecer. La esplendorosa. Nombre de la esposa de Alejandro Magno. Forma compuesta de Rosa y Ana. Variantes: Roxanne (inglés), Roxina, Roxy.

Rubí o **Ruby** (latino). Piedra preciosa de color rojo cristalino.

Rubina (latino). Bella como el rubí.

Rudra (hindú). Planta de bayas.

Rue (alemán). Famosa.

Rufina (griego). Pelirroja.

Rumer (inglés). Gitana.

Runa (escandinavo). Correr.

Rusti (inglés). Cabeza roja.

Rut o **Ruth** (hebreo). La compañera fiel. La bella. Amiga. Variantes: Rutha, Ruthann. Forma compuesta de Ruth y Ann.

Rutilda (germánico). Fuerte por su fama.

Ryba (eslavo). Pescado.

Rylee (irlandés). Valiente.

MIS FAVORITOS CON R

R

VARONES

Rad (sajón). Que tiene el poder del caballo.

Radley (inglés). Pradera roja.

Radman (eslavo). Felicidad.

Rafa (hebreo). El gigante.

Rafael o Raphael (hebreo). Dios ha sanado. Variante: Raffaello (italiano).

Rafel. Forma catalana de Rafael.

Rafferty (irlandés). Rico, próspero.

Rafi (hebreo). Variante de Rafael.

Raguel (hebreo). El amigo de todos.

Rahman (árabe). Compadecer.

Raidon (japonés). Dios del trueno.

Raimundo (germánico). La protección del Consejo Divino. Variantes: Raimon (catalán), Raimondo (italiano), Raimund (alemán).

Rainer (alemán). Consejero. Variante: Rainey.

Rainero (germánico). La inteligencia que guía.

Rakin (árabe). Respetable.

Raleigh (inglés). Campo de pájaros.

Ralph (alemán). Consejero de los lobos. Variante de Raúl.

Ram (hindú). Parecido a Dios.

Ramiro (germánico). Consejero glorioso. Gran juez.

Ramón. Variante de Raimundo.

Ramsés (egipcio). El dios Ra es el padre. Sol naciente.

Randall (alemán). Variante de Ralph. Debe acompañarse de un nombre que indique sexo.

Randie (inglés). Lobo defensor. Debe acompañarse de un nombre que indique

sexo. Variante: Randy.

Randolph (inglés). Lobo defensor.

Ranen (hebreo). Feliz.

Ranger (francés). Guardián del bosque.

Rangle (americano). Vaquero.

Rauel (hebreo). Amigo de Dios.

Raúl. Variante de Rodolfo.

Raven (inglés). Como el cuervo.

Ravi (hindú). Benévolo, Dios del Sol.

Ravid (hebreo). Vagar.

Rawdon (inglés). Loma áspera.

Ray (inglés). Diminutivo de Raymond.

Rayburn (inglés). Cañada de venado.

Rayhan (árabe). Favorecido por Dios.

Raymond (inglés). Variante de Ramón.

Raynor (escandinavo). Armada poderosa.

Razi (hebreo). Secreto.

Read o Reade (inglés). Cabello rojo.

Reagan (celta). Real. Variante: Regan.

Redford (inglés). Del cruce rojo del río.

Redmond (alemán). Consejero protector.

Reese (galés). Ardiente.

Reggie (inglés). Diminutivo de Reginald.

Reginaldo (germánico). Rey.

Regis (latino). Como rey, real.

Régulo (latino). El pequeño rey.

Reinaldo, Raynaldo o Reynaldo. Variante de Reginaldo.

Remigio (latino). El que maneja las alas o remos.

Remington (inglés). Del estado de los cuervos.

Remo (griego). El fuerte.

Remus (latino). Rápido, veloz.

Remy (francés). De Rheims. Debe acompañarse de otro nombre

que indique sexo.

Renán (irlandés). Foca.

Renato (latino). Que vuelve a nacer. El que ha vuelto a la gracia de Dios.

Renau (catalán). Variante de Reginaldo.

René. Variante de Renato. Debe acompañarse de otro nombre que indique sexo.

Renny (celta). Pequeño pero poderoso. Debe acompañarse de otro nombre que indique sexo.

Reno (americano). Jugador.

Renzo. Variante de Lorenzo.

Reth (africano). Rey.

Reuben (hebreo). Contemplar. Un hijo.

Revelin (irlandés). Variante de Roland.

Rex (inglés). Diminutivo de Reginald.

Rey (latino). Rey.

Reynard (alemán). Zorro.

Rez (húngaro). Pelirrojo.

Rhett (galés). Entusiasta.

Rhys (galés). Temerario, ardiente.

Riane (celta). Pequeño rey. Debe acompañarse de otro nombre que indique el sexo.

Ricardo (germánico). Poderoso, fuerte como soberano.

Richard (alemán e inglés). Forma de Ricardo. Variantes: Rich, Rick.

Rico (español). Gobernante noble.

Rider (inglés). Jinete.

Rigby (inglés). Valle del gobernante.

Rigoberto (germánico). El que es esplendoroso por su riqueza.

Riley (irlandés). Valiente. Debe acompañarse de otro nombre que indique sexo.

Rimon (árabe). Granada.

Ringo (inglés). Anillo.

Riordan (celta). Poeta del rey.

Rishi (hindú). Sabio.

Ritter (alemán). Caballero andante.

River (latino). Río. Debe acompañarse de un nombre que indique sexo.

Robert (inglés). Variante de Roberto. Variante: Rob.

Robertino. Diminutivo de Roberto.

Roberto (godo). El que se luce por la palabra. Variantes: Rob, Robert (inglés), Robertino.

Robin (alemán). Fama brillante.

Robinson (inglés). Hijo de Robert.

Robustiano (latino). Fuerte como la madera del roble. Gallardo, robusto.

Rocco (alemán). Descanso. Variante de Rockne.

Rock, Rockne o **Rocky** (inglés). Roca.

Rockwell (inglés). Riachuelo pedroso.

Rod (alemán). Forma de Rodney. Variantes: Rodd, Roddy.

Rodas o **Rode** (griego). De color rosa.

Roderick (alemán). Gobernante famoso.

Rodman (inglés). Famoso.

Rodney (inglés). De la isla del despeje.

Rodolfo o **Rudolf** (germánico). El guerrero ansioso de gloria. Lobo victorioso.

Rodrigo (visigodo). Célebre por su gloria.

Rogelio o **Rogerio** (germánico). El de la lanza gloriosa.

Roger (inglés). Forma de Rogelio.

Roi o **Roy** (francés). Rey.

Rolán. Variante de Rolando.

Rolando o **Roland** (germánico). El que es la gloria de su tierra. Variantes: Rolán, Roldán (alemán).

Román (latino). Nacido en Roma.

Romano o **Romero** (latino). Peregrino que camina hacia Roma.

Romelio (hebreo). El muy amado de Dios.

Romeo (latino). Peregrino que iba a Roma por devoción.

Romildo (germánico). El héroe glorioso.

Romualdo (germánico). El rey glorioso.

Rómulo (griego). El que está lleno de fuerza.

Romulus (latino). Ciudadano de Roma.

Ronaldo o Ronald (teutón). Inteligente con poder divino. Poderoso al extremo.

Ronan (celta). Juramento.

Ronat (irlandés). Sello.

Rondel (francés). Poema corto.

Ronn (hebreo). Poderoso.

Rooney (irlandés). Pelirrojo.

Roosevelt (alemán). Campo de rosas.

Roque (latino). Fuerte como una fortaleza.

Rory (alemán). Gobernante famoso.

Rosario (latino). Guirnalda de rosas. Este nombre debe ir acompañado por otro que indique sexo.

Roscoe (escandinavo). Del bosque de venados.

Rosendo (germánico). El excelente señor. Camino de la fama.

Ross (alemán). Pradera llena de árboles.

Roth (alemán). Pelirrojo.

Royce (inglés). Hijo del rey.

Rubén (hebreo). Dios me ha dado un hijo. Hijo mayor de Jacob y Lea, fundador de la tribu de Rubén.

Rudd (inglés). Rudo.

Rudesindo. Variante de Rosendo.

Rudolph (alemán). Lobo famoso. Variantes: Rudi, Rudy.

Ruff (francés). Pelirrojo.

Rufino. Diminutivo de Rufo.

Rufo (latino). El que es pelirrojo.

Runako (africano). Buenmozo.

Rune (alemán). Secreto.

Ruperto o Rupert (germánico). El que resplandece con sus consejos.

Rush (francés). Pelirrojo.

Russ o Russell (francés). Pelirrojo.

Russom (africano). Cabeza, jefe.

Rusty (inglés). Cabeza roja.

Ruy. Variante de Rodrigo.

Ruyan. El pequeño rey.

Ryan (celta). Pequeño gobernante.

Rye (gitano). Hombre gentil.

Rylan (inglés). Habitante de la tierra del centeno.

Rylie (irlandés). Valiente.

MIS FAVORITOS CON R

En la numerología equivale al 1,
símbolo de la acción y la creatividad.
La S encuentra la sabiduría para llegar a su meta.
Tiene cualidades de líder. Es pionera.

S: SIWILO

Esta runa significa "Sol".
Representa la rueda solar, el
centro del antiguo culto nórdico.
Simboliza la voluntad mágica que
permite que el mundo se
manifieste. También se la asocia
con el poder del relámpago y la
capacidad para lograr luz en
cualquier condición de apariencia
oscura. Sus poderes mágicos
otorgan brillo, concreción de
metas y honor. Es conocida como
la runa de la victoria, ya que es
una fuerza potente y decidida.
Aplicada adecuadamente, aporta
éxito en la vida personal. Es la
fuerza espiritual eminente que
conduce por el camino luminoso
a quien la lleva en su nombre.

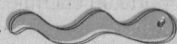

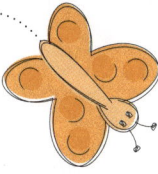

MUJERES

Saba (hebreo). La mujer convertida.

Sabel. Variante de Isabel.

Sabela. Forma gallega de Isabel.

Sabelia. Variante de Sabina.

Sabi (árabe). Niña pequeña.

Sabina (latino). La que vino de Sabina (antigua región de Italia). Forma femenina de Sabino. Variante: Sabine.

Sabirah (árabe). Paciente.

Sabra (árabe). Cactus.

Sabrina (latino). La que nació o vino de Sabina. La que habita junto al río.

Sachi (japonés). Niña gloriosa.

Sacnicte (aborigen: maya). Flor blanca.

Sade (nigeriano). El honor concedido por la corona.

Sadie (hebreo). Variante de Sara.

Sadira (árabe). Estrella.

Safara (africano). El lugar de ella.

Saffi (escandinavo). Sabiduría.

Saffron (inglés). Amarillo.

Safina (africano). Arca de Noé.

Safira (hebreo). Bella como un zafiro.

Safiya (africano). Pura.

Safo (griego). La que ve con claridad. Poetisa griega, fundadora de una escuela literaria y desterrada a Lesbos.

Sage (latino). Profeta.

Sahara (árabe). La Luna.

Sahian (aborigen: maya). Temor de Dios.

Sakari (aborigen: indoamericano). Dulce.

Sakti (hindú). Energía. Diosa.

Sakura (japonés). Florecimiento de bayas.

Salaberga (germánico). La que defiende el sacrificio.

Salena (origen desconocido). Sal.

Salene. Forma compuesta de Salvadora e Irene.

Salimah (árabe). Saludable.

Salina (francés). Solemne.

Sally. Diminutivo inglés de Sara.

Salma (árabe). Pacífica.

Salomé (hebreo). Armoniosa, sana. En la Biblia, la princesa judía, hija de Herodes de Filipo.

Salvadora (latino). La que redime a los hombres.

Salvia (latino). Sanada, saludable, íntegra. Variantes: Salviana, Salvina.

Samanta o Samantha (arameo). La que sabe escuchar.

Samara (hebreo). Gobernada por Dios. Perspectiva. Montaña.

Samirah (árabe). La compañera que entretiene.

Sana (árabe). La cima de la montaña.

Sancia (latino). Sagrada.

Sandi o Sandy. Variante de Alejandra.

Sandra. Variante de Alejandra. Variantes: Sandrine (francés), Sondra.

Sandya (hindú). Amanecer. Nombre de Dios.

Sapphire (griego). Zafiro.

Sara (hebreo). La princesa. Variantes: Sally (inglés), Sarah, Sari, Sarina, Sorcha.

Saree (árabe). La más noble.

Sarisha (hindú). Encantadora.

Sasha. Variante de Alejandra.

Saskia (teutón). La que porta un cuchillo.

Sathya (hindú). Verdad.

Satin (francés). De textura suave y sedosa.

Satinka (aborigen: indoamericano).

Bailarina mágica.

Satu (japonés). Azúcar.

Saula (griego). Tierna, delicada, suave.

Savanna (español). Llano sin árboles.
Variante: Savanah.

Saveria (teutón). Femenino de Saverio.
De la casa nueva. En Italia es adaptación
de Javier.

Scarlet o Scarlett (inglés). Rojo escarlata.

Sebastiana (griego). Femenino de
Sebastián. Venerable, tiene majestad.

Secundina, Segunda (latino). La segunda
hija de la familia.

Seda (armenio). Voces del bosque.

Seema (griego). Símbolo.

Séfora (hebreo). Como un pájaro
pequeño.

Segismunda (germánico). La protectora
victoriosa.

Selena (griego). Luna. Variante: Selenia.

Selene (griego). Brillo de luna. Variante:
Selina.

Selia (irlandés). Variante de Sheila.

Selma (árabe). La que tiene paz. Variante:
Selima.

Selva (latino). Que nació en la selva.

Sema (griego). Profecía divina.

Semele (latino). Una vez.

Seminaris (asirio). La que es armoniosa
con las palomas.

Semira (africano). Realizada.

Senta (alemán). La que asiste y ayuda.

Septimia (latino). La séptima.

Serafina (hebreo). El ángel. Forma
femenina de Serafín. Variante: Sera.

Serena (latino). Clara y pura. Calma.
Variantes: Serenity (inglés), Serepta.

Serendipity (inglés). Buena fortuna.

Serilda (germánico). Doncella armada de
la guerra.

Servanda (latino). La que debe ser salvada
y protegida. Forma femenina de Servando.

Serwa (africano). Joya.

Sharon (hebreo). Nombre de la llanura de
Israel famosa por su fertilidad.

Shavonne (hebreo). El señor es
bondadoso.

Shawna (hebreo). Femenino de Shawn:
Dios dio.

Shayndel (hebreo). Bella.

Sheba (hebreo). De Bathsheba, séptima
hija.

Sheena (irlandés). Regalo bondadoso de
Dios.

Sheila (irlandés). Deriva de Sile, forma
irlandesa de Celia.

Shela (celta). Musical.

Sherry (francés). Amada.

Shika (japonés). Venado.

Shina (japonés). Buena, virtuosa.

Shino (japonés). Tronco de bambú.

Shira (hebreo). Canción.

Shiri (hebreo). Canción de mi alma.

Shirley (inglés). Que vive en una pradera.

Shoshanna o Shoshannah (hebreo). Rosa.

Sibila (griego). Que tiene el don de la
profecía. Variante: Sibyl.

Sierra (español). Cordillera.

Siglinda (germánico). La victoria que
protege.

Signa (latino). Señal.

Sigourney (francés). Reina audaz.

Sigrid (germánico). La que da consejos
para obtener la victoria.

Silva (latino). Doncella del bosque.

Silvana (latino). La que vive en la selva.
Variante: Silvina.

Silvia (latino). Mujer silvestre, de la selva.
Variantes: Sylvia, Sylvie.

Silvina. Variante de Silvana.

Sima (escocés). Tesoro, premio.

Simcha (hebreo). Felicidad.

Simona (hebreo). La que me ha escuchado. Variante: Simone.

Sinclética (griego). La que es invitada.

Sinead (irlandés). Llena de gracia.

Sinforosa (latino). Llena de desdichas. Santa Sinforosa fue una mártir romana del siglo II.

Sintiques (griego). La que llega en una ocasión especial.

Sira (latino). Que proviene de Siria.

Sirena (griego). Sirena.

Siroun (armenio). Adorable.

Sissy (irlandés). Variante de Cecilia.

Sitara (sánscrito). Estrella del amanecer.

Sive (irlandés). Dulce.

Sixta (griego). Femenino de Sixto. Cortés, educada, amable.

Socorro (latino). La que está pronta a ayudar. Advocación de la Virgen María: Nuestra Señora del Perpetuo Socorro.

Sofía (griego). Llena de sabiduría. Variantes: Sophe (inglés), Sophie (francés).

Sol (latino). Que posee luminosidad.

Solana (latino). Rayo del sol. Como el viento de Oriente.

Solange (latino). La consagrada. Joya.

Soledad (latino). La que ama estar sola. Variante: Solita.

Sondra. Variante de Sandra.

Sonia o Sonya. Diminutivo eslavo de Sofía.

Sophe. Variante inglesa de Sofía.

Sophie. Variante francesa de Sofía.

Sora (aborigen: indoamericano). El pájaro cantor que levanta vuelo.

Soraya. Variante de Zoraida.

Sorcha (celta). Brillante. Variante de Sara.

Spica (latino). Nombre de estrella.

Stacia (griego). La que debe ascender otra vez.

Star (sánscrito). Estrella.

Stefanía o Stephanie. Victoriosa. Variante: Estefanía.

Stella. Variante de Estela.

Stella Maris (latino). Estrella de mar.

Sue. Variante inglesa de Susana.

Suki (japonés). Amada.

Sulamita (hebreo). La mansa, la pacífica.

Sultana (árabe). La señora absoluta.

Sumi (japonés). Clara, refinada.

Summer (inglés). Verano.

Sunta. Diminutivo gallego de Asunta.

Susana (hebreo). La que es como el lirio. Variantes: Sue (diminutivo inglés), Susan (inglés), Susanna, Susie, Susy, Suzette (francés), Suzzane.

Suyay (aborigen: quechua). Esperanza.

Svetlana (ruso). Estrella.

Sydelle (hebreo). Princesa.

Syna (griego). Dos juntos.

MIS FAVORITOS CON S

- 157 -

VARONES

Sabas (hebreo). Conversión.

Sabelio. Variante de Sabino.

Saber (francés). Espada.

Sabino (latino). El que vino de Sabina (pueblo del interior de Italia).

Saburo (japonés). Tercer hijo.

Sacha (eslavo). Variante de Alejandro.

Sadler (inglés). Fabricante de sillas de montar.

Sadoc (hebreo). El justo.

Safford (inglés). Cruce del sauce del río.

Sagara (hindú). Océano. Debe acompañarse de otro nombre que indique sexo.

Sahen (hindú). Halcón.

Sahir (hindú). Amigo.

Saku (hebreo). Recordado por Dios.

Salih (árabe). Correcto, bueno.

Salim (africano). Paz.

Saloman (hebreo). Pacífico.

Salomón (hebreo). El príncipe pacífico. Salud, bienestar. Variante: Solomon.

Salton (inglés). Pueblo del sauce.

Salustio (latino). El que ofrece la salvación.

Salvador (latino). El que redimió a los hombres. Variantes: Salvator (alemán), Salvatore (italiano).

Salviano. Variante de Salvo.

Salvino (latino). El que goza de buena salud.

Salvio (latino). Sanado, saludable, íntegro.

Salvo (latino). El sano.

Sam (hebreo). Oír.

Sam (inglés). Diminutivo de Samuel.

Samien (árabe). Para ser oído.

Sammon (árabe). Abacero.

Samson (hebreo). Como el Sol.

Samuel (hebreo). El que fue pedido a Dios. Patriarca que en los primeros años fue enviado por sus padres a Silo, donde estaba el Arca de la Alianza, para ser educado en el servicio del templo.

Sanat (hindú). Antiguo.

Sancho (latino). Santo y consagrado a Dios.

Sanders (inglés). Hijo de Alexander.

Sandon (inglés). De la loma arenosa.

Sandor (húngaro). Variante de Alejandro.

Sandro (italiano). Variante de Alejandro.

Sanford (inglés). Cruce.

Sansón (hebreo). Pequeño Sol.

Santana (español). De Santa (santo) y Ana (graciosa).

Santiago (hebreo). Suplantador.

Santino. Variante de Santos.

Santo (español). Un santo.

Santos (latino). Sagrado e íntegro.

Santosh (hindú). Satisfecho.

Sargent (francés). Servir.

Sarngin (hindú). Nombre de la diosa Vishnu.

Sarojin (hindú). Como loto.

Sasha (eslavo). Nombre afectuoso de Alexander. Variante: Sashenka (ruso).

Sasson (hebreo). Feliz.

Saturio (latino). Protector de los sembrados.

Saturnino. Diminutivo de Saturno.

Saturno (latino). El que está en la abundancia.

Saúl (hebreo). El deseado, el anhelado.

Saulo (griego). El que es tierno y delicado.

Saunders (griego). Hijo de Alexander.

Saustin (vasco). Variante de Sebastián.

Saverio (italiano). Variante de Javier.

Sawyer (inglés). Trabajador de la madera.

Saxon (inglés). Esgrimidor.

Sayer (galés). Carpintero.

Schafer (alemán). Ovejero.

Scot (sajón). Hombre de Escocia.

Seaghdha (gaélico). Admirable.

Seamus (irlandés). Suplantador.

Sean (irlandés). El regalo bondadoso de Dios. Debe acompañarse de otro nombre que indique sexo.

Searle (inglés). Armadura.

Sebasten (vasco). Variante de Sebastián.

Sebastián (griego). Augusto, reverenciado. Majestuoso. Variantes: Sebastien, Sebasten (vasco).

Sedric (irlandés). Jefe.

Seeley (inglés). Bendecido.

Sefton (inglés). Villa de ímpetu.

Segismundo (germánico). El protector victorioso.

Segundo o Segundino (latino). El segundo hijo de la familia.

Seibert (inglés). Mar brillante.

Seif (árabe). Espada de la religión.

Sein (vasco). Inocente.

Selemías (hebreo). Dios recompensa.

Selenayh (grecorromano). Esperanza.

Selim (árabe). El pacificador. De buena salud.

Semarias (hebreo). Dios lo guardó.

Sempronio (latino). Nombre de una gens romana.

Sen (japonés). Hada del bosque.

Seneca (latino). El venerable anciano.

Sener (turco). Portador de alegría.

Senior (francés). Señor, lord.

Senon (español). Zeus le dio la vida.

Septimio o Séptimo (latino). El que nació en séptimo lugar.

Serafín (hebreo). Encendido, resplandeciente.

Seraphin (alemán). Variante de Serafín.

Serapio (latino). Consagrado a Serapis (divinidad egipcia).

Sereno (latino). Hombre claro y puro.

Sergio (latino). El que custodia, el guardián. Variantes: Serge (francés), Sergei (ruso), Serxio (gallego).

Servando (latino). El que guarda y defiende.

Servio (latino). El hijo de servidores de Dios.

Seth (hebreo). El escogido. Variante: Sethan.

Severin (inglés). Río de Inglaterra.

Severino. Variante de Severo.

Severo (latino). El que es austero e incorruptible.

Sevilin (turco). Amado.

Seymour (latino). Tierra pantanosa cerca del mar.

Shadi (árabe). Cantante.

Shadwell (inglés). Verter cerca de la cisterna.

Shaiming (chino). Brillo del Sol.

Shaver (hebreo). Cometa.

Shaw (inglés). Arboleda.

Shawn (hebreo). Dios es bondadoso. Debe acompañarse de otro nombre que indique sexo.

Sheffield (inglés). Campo torcido.

Shelby (inglés). Pueblo protegido. Debe acompañarse de otro nombre que indique sexo.

Sheldon (inglés). Loma protegida.

Shelly (inglés). Pradera en la cima de la loma. Debe acompañarse de otro nombre que indique sexo.

Shelton (inglés). Pueblo en la orilla.

Shem (hebreo). Reputación.

Shen (chino). Espiritual, de pensamiento profundo.

Sheridon (irlandés). Salvaje.

Sherlock (inglés). De cabello claro.

Sherrod (inglés). Despeje de la tierra.

Sherwood (inglés). Bosque iluminado.

Shing (chino). Victoria.

Shiro (japonés). Cuarto hijo.

Shiva (hindú). Vida y muerte.

Shunnar (árabe). Placentero.

Sibley (griego). Profeta. Debe acompañarse de otro nombre que indique sexo.

Sidney (francés). De la ciudad de St. Denis. Debe acompañarse de otro nombre que indique sexo. Variante: Sid.

Sidra (latino). Como una estrella. Debe acompañarse de otro nombre que indique sexo.

Sigfrido (germánico). Asegura la paz con su presencia.

Silvano (latino). Nacido en la selva. Forma masculina de Silvana.

Silverio. Variante de Silvano.

Silvestre (latino). El que vive en la selva.

Silvino. Variante de Silvano. Forma masculina de Silvina.

Silvio (latino). El hombre de la selva.

Simba (swahili). León.

Simeón. Variante de Simón.

Simitrio (griego). Hombre ecuánime, centrado.

Simms (hebreo). Hijo de Simón.

Simón (hebreo). El que me ha escuchado.

Simplicio (latino). Sencillo.

Sinclair (latino). Signo claro.

Sinesio (griego). El inteligente, el sagaz.

Sinforiano. Variante de Sinforoso.

Sinforoso (griego). El que está lleno de desdichas.

Sir. Variante catalana de Siro.

Sirio o Siro (latino). Natural de Siria. Brillante como el sol de Siria.

Sisebuto (teutón). El que ejerce el mando con energía.

Sivan (hebreo). El noveno mes.

Sixto (griego). El cortés, el de buen trato.

Skipper (escandinavo). Capitán de barco. Variante: Skip.

Skule (escandinavo). Escondido.

Skye (árabe). Dador de agua. Debe acompañarse de otro nombre que indique sexo.

Skyler (holandés). Estudioso. Debe acompañarse de otro nombre que indique sexo.

Slade (inglés). Hijo del valle.

Slater (inglés). Quita techos.

Slevin (celta). Montañero.

Sloan (celta). Guerrero. Debe acompañarse de otro nombre que indique sexo.

Smith (inglés). Herrero.

Sócrates (griego). El sano y vigoroso. Sabio.

Sofanor (griego). El hombre sabio.

Sófocles (griego). El que tiene fama por su sabiduría.

Solano (latino). Es como el viento del Este. Forma masculina de Solana.

Solomon (hebreo). Forma de Salomón. Variantes: Sol, Del Sol.

Solón (griego). Hombre de voluntad.

Son (vietnamita). Montaña.

Soo (coreano). Excelencia, larga vida.

Soren (escandinavo). Dios de la guerra.

Sorley (escandinavo). Vikingo.

Sorrel (francés). Marrón rojizo.

Soterios o Sotero (griego). Salvador.

Spalding (inglés). Campo dividido.

Spencer (inglés). Dispensador, guardián.
Variante: Spence.

Spike (desconocido). Largo, clavo largo.

Spiro (griego). Canasta redonda.

Stacey (griego). Resurrección. Debe
acompañarse de otro nombre que
indique sexo. Variante: Stacy.

Stamos (griego). Corona.

Stan (inglés). Montaña pedrosa.

Stanislao (italiano). Variante de
Estanislao.

Stanislaus (eslavo). Campo de gloria.

Stanislav o Stanislaw (eslavo). La gloria
del campo.

Stanley (inglés). Pradera pedrosa.

Stefan o Stefano. Variante alemana de
Esteban.

Stoke (inglés). Villa.

Stone (inglés). Piedra.

Stowe (inglés). Escondido.

Stratton (escocés). Pueblo cerca del valle.

Strom (alemán). Riachuelo.

Stuart (inglés). Sirviente. Variante: Stu.

Studs (desconocido). Una casa.

Sullivan (irlandés). De ojos negros.

Sully (inglés). Manchar.

Summit (inglés). Cima. Debe
acompañarse de otro nombre que
indique sexo.

Sumner (francés). Convocador.

Sundeep (hindú). Iluminado.

Sutherland (escandinavo). De la tierra
del Sur.

Sutton (inglés). De la tierra del Sur.

Suyai o Suyay (aborigen: quechua).
Esperanza.

Sven (escandinavo). Joven.

Swain (inglés). Ovejero.

Swaley (inglés). Riachuelo que da
vueltas.

Sweeney (irlandés). Héroe pequeño.

Syed (árabe). Feliz.

Sying (chino). Estrella.

Sylvester (latino). Del bosque.

Sylvester (inglés). Variante de Silvestre.

Sylvius (francés). Variante de Silvio.

Symon (griego). Variante de Simón.

MIS FAVORITOS CON S

En la numerología equivale al 2,
principio de la dualidad y la diversidad.
La T es musical y emotiva. Representa el paso del tiempo,
la línea que puede vincular el principio y el fin.

T:TYR

Su nombre es el mismo del "dios del cielo" Tyr, guardián de la justicia y la ley. Es la runa de los reyes y de los grandes líderes del pueblo. Sus usos mágicos están vinculados a la determinación de carácter y a la toma de decisiones drásticas. Es la runa de la guerra y de los guerreros. En la mitología, los combates están relacionados con luchas entre fuerzas espirituales. Otorga disciplina espiritual y fe a quien la lleve en su nombre. Facilita la integración y la regulación social de acuerdo con un orden justo.

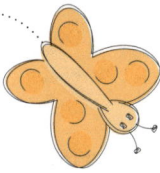

Mujeres

Tabina (árabe). Seguidora de Mohamed.
Tabita (hebreo). Frágil como una gacela.
Variantes: Tabatha, Tabitha (inglés).
Tacey (inglés). Calma.
Taci (aborigen: indoamericano). Tranquila.
Taciana (latino). Activa, inteligente.
Variante: Tatiana (ruso).
Tacita (latino). Silenciosa. Calma.
Taffy (galés). Amada.
Tahirah (árabe). Honesta, pura.
Taima (aborigen: indoamericano). Trueno.
Tais (griego). La que es bella.
Takara (japonés). Alhaja.
Tala (aborigen: indoamericano). Lobo.
Talasi (aborigen: indoamericano). Flor
con borla de trigo.
Talía (griego). La que es fecunda.
Variante de Natalie. Variante: Tali.
Tallulah (aborigen: indoamericano).
Agua picada.
Tamah (griego). Relámpago. Variante:
Tama (aborigen: indoamericano).
Tamara (hebreo). Como una palmera de
dátiles. Variantes: Tamary (ruso), Tami,
Tammy, Tamra (árabe).
Tamasha (africano). Manifestación.
Tamika (japonés). Gente.
Tammy (hebreo). Variante de Tamara.
Tania (eslavo). La reina de las hadas.
Variante: Tanya.
Tarsilia (griego). La que trenza mimbres.
Tasya (eslavo). Resurrección.
Tatiana. Forma eslava de Taciana.
Variante: Tatyana.
Tawana (aborigen: indoamericano).
Dorada. Variante: Tawny.

Tayte (escandinavo). Feliz.
Tea. Forma reducida de Dorotea.
Telma o Thelma (griego). Amable con
sus semejantes.
Temis (griego). La que establece el orden
y la justicia. En la mitología, la hija de
Urano, el cielo, y Gea, la tierra.
Teodelina, Teodolina, Teodolinda
(germánico). La que ama a la gente de
su pueblo.
Teodora (griego). Regalo de Dios.
Variantes: Teodosia, Teodota, Theodora,
Theodosia.
Teófila (griego). Femenino de Teófilo.
Amiga de Dios, amada por Dios.
Teresa (griego). La cazadora. Suave,
llena de gracia, buena. Variantes:
Teresita, Theresa, Therese (francés).
Teshi (africano). Alegre, llena de risa.
Tesia (polaco). Amada por Dios.
Tesira (griego). La fundadora.
Tess (griego). Segar.
Tessa (italiano). Condesa.
Tetis (griego). La nodriza.
Thadea (griego). Valiente.
Thais (griego). Unión. La de cabeza
cubierta. Variante: Tais.
Thalassa (griego). Del mar.
Thalía (griego). Contenta, floreciente.
Thana (árabe). Gratitud.
Thea (griego). Diosa.
Thekla (griego). Fama divina.
Theone (griego). Como Dios.
Thera (griego). Salvaje.
Theresa (griego). Variante de Teresa.
Thina (griego). Sabia. Variante: Tina.

Thirza (hebreo). Placentero.

Thomasina (hebreo). Gemela.

Thora (escandinavo). Trueno.

Thyra (griego). Portadora de escudo.

Tiana (griego). Princesa.

Tiara (latino). Coronada de flores.

Tiaret (africano). Leona.

Ticiana o Tiziana (latino). Femenino de Tito. Valiente y arriesgada defensora. Variantes: Tita.

Tiffany (griego). Aparición de Dios.

Timandra (griego). Hija del héroe.

Timotea (griego). Femenino de Timoteo. La que honra y alaba a Dios.

Ting (chino). Equilibrada, llena de gracia.

Tiponya (aborigen: indoamericano). Búho que pica el huevo.

Tirsa (hebreo). Agradable. Ciprés.

Tirza (hebreo). Delicia.

Tivona (hebreo). Amante de la naturaleza.

Toby (hebreo). El Señor es bueno.

Tola (polaco). Sin precio.

Tomasa (hebreo). La hermana gemela. Forma femenina de Tomás.

Toni. Diminutivo de Antonia.

Topacio (español). Relativo a la piedra fina, amarilla, muy dura. Variantes: Topaz, Topaza.

Tora (escandinavo). Trueno.

Tori (japonés). Pájaro.

Toscana (latino). La que nació en Etruria, Toscana.

Toshi (japonés). Reflejo, imagen perfecta.

Tova o Tovah (hebreo). Buena.

Tránsito (latino). La que transita a otra vida. Nombre alusivo al tránsito de la Virgen María, que ascendió a los cielos.

Trava (eslavo). Pasto fresco.

Trella (persa). Estrella.

Tresa (alemán). Segadora.

Treva (celta). Prudente.

Tricia (latino). Variante de Patricia.

Trilby (italiano). La que canta himnos.

Trina (griego). Pura.

Trinidad (latino). Las tres personas (Padre, Hijo y Espíritu Santo) en un solo Dios. Variante: Trini.

Trisha (latino). De noble descendencia.

Tristana (latino). Que lleva consigo la tristeza. Forma femenina de Tristán.

Trix. Diminutivo inglés de Beatrix (Beatriz). Variante: Trixie.

Troya (latino). La que ofende.

Trude (escandinavo). Princesa con lanza. Variante de Gertrudis.

Trudy (alemán). Amada.

Tryphena (latino). Delicada.

Tulia (latino). Femenino de Tulio. Recibe honra, elevada por Dios.

Turquesa (español). Piedra de color azul cielo.

Tusnelda (germánico). La que combate a los gigantes.

Tyne (inglés). Río.

MIS FAVORITOS CON T

- 166 -

VARONES

Tabaré (aborigen: tupí). Hombre de aldea.

Tacio (latino). El que calla. Variantes: Taciano, Tatiano.

Tácito. Variante de Tacio.

Tadeo (sirio). El que alaba. Variantes: Tad, Taddeo (italiano), Thad, Thaddeus (griego), Thadeus (inglés).

Tadi (aborigen: indoamericano). Viento.

Taffy (galés). Amado. Debe acompañarse de un nombre que indique sexo.

Taft (inglés). Río.

Tage (holandés). Día.

Taggart (irlandés). Hijo del sacerdote.

Tahir (árabe). Inocente.

Tai (vietnamita). Talento.

Tait (escandinavo). Ser alegre. Variante: Taite (inglés).

Tajo (español). Día.

Takeo (japonés). Fuerte como el bambú.

Tal (hebreo). Lluvia.

Talib (árabe). Buscador.

Talman (hebreo). Lesionarse, oprimir.

Talos (griego). Gigante protector de la isla de Minos.

Tam (vietnamita). Corazón.

Taman, (eslavo). Oscuro, negro.

Tamson (escandinavo). Hijo de Tomás.

Tan (vietnamita). Nuevo.

Tanaka (japonés). Habitante. Debe acompañarse de otro nombre que indique sexo.

Tancredo (germánico). El que da consejos sagazmente.

Tanek (polaco). Inmortal.

Tarquino (latino). El que nació en Tarquinia, antigua ciudad de Italia.

Tarsicio (latino). El que pertenece a Tarso, lugar donde nació San Pedro.

Ted (inglés). Diminutivo de Theodore.

Telémaco (griego). El que se apresta para el combate.

Telmo (latino). Variante de Erasmo.

Teo. Forma reducida de Mateo, Teodoro y Doroteo.

Teobaldo (germánico). El príncipe valiente.

Teócrito (griego). El elegido por Dios.

Teodomiro (germánico). Es célebre en su pueblo.

Teodorico (germánico). El que gobierna bien a su pueblo.

Teodoro (griego). El regalo de Dios. Variantes: Fedor, Teodor (catalán), Theodor (alemán).

Teodosio (griego). El que da a Dios.

Teófano o Teófilo (griego). Amigo de Dios, amado por Dios.

Tercio o Tertulio (griego). El tercer hijo de una familia.

Terencio (latino). El que trilla.

Terry (inglés). Diminutivo de Terence.

Teseo (griego). El fundador.

Teva (hebreo). Naturaleza.

Thai (vietnamita). Muchos, múltiples.

Thaman (hindú). Nombre de Dios.

Than (vietnamita). Brillante.

Thane (inglés). Sirviente del guerrero.

Thang (vietnamita). Victorioso.

Thanos (griego). Hombre oso.

Thatcher (inglés). Que arregla techos.

Thayer (alemán). De la armada de la nación.

Theron (griego). Cazador.

Thierry (alemán). Gobernante de la gente.

Thomas (inglés). Variante de Tomás.

Thor (escandinavo). Trueno.

Thorbert (escandinavo). Brillo de Thor.

Thornton (inglés). Del pueblo con espinas.

Thorpe (inglés). Villa.

Thuc (vietnamita). Consciente.

Thurman (escandinavo). Servidor de Thor.

Thurston (escandinavo). Piedra de Thor.

Thyto (latino). Alabable.

Tiago o Thiago. Variante de Jacobo.

Tibalt (griego). Príncipe de la gente.

Tiberio (latino). El que viene del Tíber.

Tibor (húngaro). Lugar sagrado.

Tiburcio (latino). Nacido en Tívoli, cerca de Roma.

Ticiano. Variante de Tito.

Tico (griego). El venturoso, feliz, afortunado.

Tiernan (celta). Como un Lord, como el Señor.

Tierney (celta). Lord, Señor.

Tilden (inglés). Valle fértil.

Tilo (teutón). Posee habilidad y alaba a Dios.

Tilton (inglés). Pueblo próspero.

Tim (griego). Derivado de Timothy.

Timoteo (griego). El que honra a Dios.

Timothy (griego). Honrando a Dios.

Tin (vietnamita). Pensador.

Tíquico (griego). Persona muy afortunada.

Tirso (griego). Coronado con hojas de vid.

Tito (italiano). Variante de Titus.

Titus (griego). El valiente defensor.

Tiziano (latino). El gigante.

Tobar (gitano). Calle.

Tobey (hebreo). Dios es bueno.

Tobías (hebreo). El Señor es mi bien. Variantes: Toby (vasco), Tobby (inglés).

Tobit (hebreo). Bueno.

Tod o Todd (inglés). Zorro.

Toft (inglés). Granja pequeña.

Tohatiuh (aborigen: azteca). Dios del Sol y de los guerreros.

Tolomeo (griego). Poderoso en la batalla.

Tom (inglés). Diminutivo de Tomás.

Tomás, Tomé o Thomas (hebreo). El hermano gemelo.

Tomlin (inglés). Pequeño Tom.

Tommy (griego). Variante de Tomás.

Tong (vietnamita). Fragante.

Tony (latino). Derivado de Anthony.

Torcuato (latino). Adornado con un collar o guirnalda.

Toribio (griego). Que fabrica arcos.

Torin (irlandés). Jefe.

Torrance (celta). Suave, gracioso, bueno. Variante: Torn.

Tovi (hebreo). Bueno.

Townley (inglés). Pradera del pueblo.

Townsend (inglés). Fin del pueblo.

Trahern (galés). Fuerte como el hierro.

Tránsito (latino). El que pasa a otra vida. Este nombre debe ir acompañado por otro que indique sexo.

Traugott (alemán). Verdad de Dios.

Travis (inglés). Del cruce de las calles. Variante: Travers (francés).

Trayton (inglés). Pueblo lleno de árboles.

Tremaine (inglés). Granja con una piedra antigua.

Trent (latino). Torrente.

Trenton (latino). Pueblo al lado del arroyo rápido.

Trevor (celta). Prudente.

Trey (inglés). Árbol.

Trigg (escandinavo). Honrado.

Trini (español). Derivado de Trinidad.

Trinidad (latino). Las tres personas en un solo Dios. Debe acompañarse de otro nombre que indique sexo.

Tristán (latino). El que lleva su tristeza consigo.

Tristram (latino). Triste.

Troilo (egipcio). El que nació en Troya. Variante: Troy (francés).

Truitt (inglés). Pequeño, honesto.

Truman (inglés). Hombre fiel.

Trustin (inglés). Fidedigno.

Tu (vietnamita). Árbol.

Tuan (vietnamita). Que va suavemente.

Tubal (hebreo). El que labra la tierra.

Tubau (catalán). Variante de Teobaldo.

Tucker (inglés). Que hace o echa alforzas de tela.

Tug (escandinavo). Jalar, tirar.

Tulio (latino). Destinado a grandes honores.

Tully (latino). Pequeña loma.

Tung (vietnamita). Digno.

Tupac (aborigen: quechua). El Señor.

Turner (latino). Trabajador de la madera.

Tuyen (vietnamita). Ángel.

Twitchell (inglés). Pasaje estrecho.

Ty (latino). Casa.

Tyee (aborigen: indoamericano). Jefe.

Tyler (inglés). Fabricante de ladrillos y baldosas. Debe acompañarse de otro nombre que indique sexo.

Tymon (griego). Honorando a Dios.

Tyrone (griego). Soldado joven.

Tyrus (inglés). Trueno.

Tzion (hebreo). Signo de Dios.

Tzuriel (hebreo). Dios es mi piedra.

Tzvi (hebreo). Venado.

MIS FAVORITOS CON T

En la numerología equivale al 3,
símbolo de la creación. La U es jovial y aguda, capaz de unir
lo mental y lo social. Tiene facilidad para la comunicación.

U:UR

Esta runa representa un buey,
animal que también recibe
el nombre de "uro". Simboliza la
sabiduría necesaria para moldear
la realidad personal, de manera
que integre en forma positiva
todos los talentos y posibilidades
de expresión de cada uno.
Representa el saber tradicional
que proviene de un orden natural.
Augura a quien la lleve en su
nombre carácter firme, mucha
influencia en los que lo rodean
y en la sociedad, ya que
promueve la fuerza y la armonía
de grandes grupos.

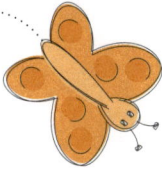

MUJERES

Ubaldina (teutón). Femenino de Ubaldo. Audaz, atrevida, inteligente.

Udele (inglés). Rica.

Ujana (africano). Joven.

Ula o **Ulla** (celta). Joya del mar.

Ulfah (árabe). Familiar.

Uma (hindú). Diosa madre.

Umbelina (latino). La que da sombra protectora.

Ummi (africano). Mi madre.

Ummika (hindú). Diosa.

Una (latino). Una, singular.

Unity (inglés). Unidad.

Urania (griego). La que es como el firmamento. En la mitología, musa de la astronomía amada por Apolo, de cuya unión nació Orfeo.

Urbana (latino). De la ciudad. Cortés, educada.

Uria (hebreo). Luz de mi Señor.

Uriana (griego). Lo desconocido.

Urit (hebreo). Luz.

Ursa (latino). Variante de Úrsula.

Ursala. Variante de Úrsula.

Ursina (latino). La pequeña osa.

Úrsula (latino). La que es graciosa como una osa pequeña. Variantes: Ursa, Ursala, Ursulina, Ursy (inglés).

Urvi (hindú). La Tierra.

Uta o **Ute** (alemán). Doncella de batalla afortunada.

Uzuri (swahili). Belleza.

MIS FAVORITOS CON U

U

VARONES

Uaine (irlandés). Joven guerrero.

Uba (africano). Padre, Señor.

Ubadah (árabe). Sirviente de Dios.

Ubaldo (germánico). El de pensamiento audaz.

Uberto (italiano). Con mente brillante.

Udo (japonés). Planta del ginseng.

Udolfo (teutón). Hombre de mucha suerte, afortunado.

Ulf (alemán). Zorro.

Ulfrido (teutón). El que impone la paz por la fuerza.

Ulises (latino). Hombre airado. Variantes: Ulick, Ulysses.

Ulpio, Ulpiano, Vulpiano (latino). Astuto como un zorro.

Ulric (alemán). Zorro.

Ulrico (germánico). Noble como un rey.

Ultman (hindú). Parecido a Dios.

Umberto (italiano). Color de la tierra. Variante de Humberto.

Umi (africano). Sirviente.

Umit (turco). Esperanza.

Upshaw (inglés). Bosque superior.

Upton (inglés). Del pueblo superior.

Urban (latino). De la ciudad.

Urbano (latino). Que habita en la ciudad.

Uri (hebreo). Mi luz.

Uriah (hebreo). Dios es mi luz. Debe acompañarse de otro nombre que indique sexo.

Uriel o Urías (hebreo). Arcángel de luz. Debe acompañarse de otro nombre que indique sexo.

Urso (latino). El oso.

Uzi (hebreo). Mi fuerza.

Uziel (hebreo). La fuerza de Dios. Dios es mi fuerza.

MIS FAVORITOS CON U

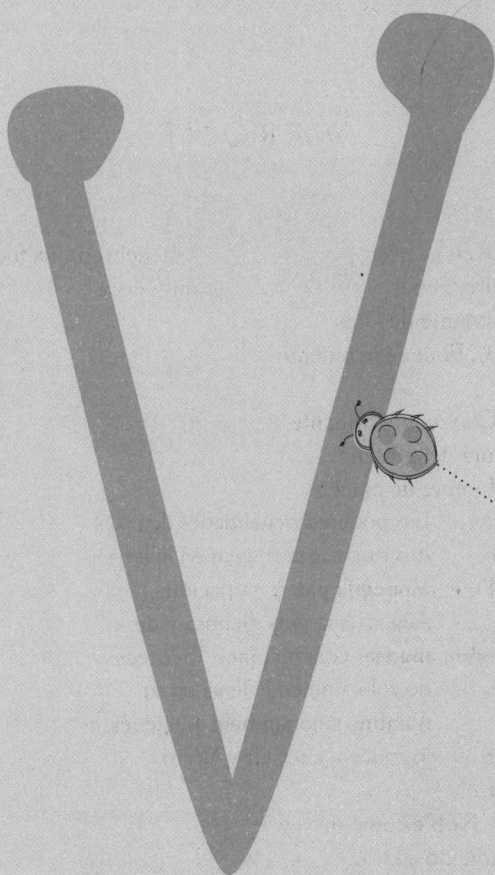

En la numerología equivale al 4,
la sal de la tierra. La V irradia vitalidad. Es amiga
del sentido común, trabajadora, férrea, y está llena de energía.

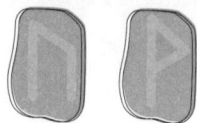

V:UR
+
WYN

Los poderes y cualidades de estas dos runas se conjugan en la letra V: alegría y determinación. Augura una vida dichosa y de muchas concreciones. Favorece no sólo a quien la lleva en su nombre, sino también a quienes lo rodeen. (Ver Ur y Wyn).

MUJERES

Vahe (armenio). Fuerza.

Vala (inglés). Elegida.

Valburga (germánico). La que defiende en el campo la batalla.

Valda (teutón). Femenino de Valdo. La que gobierna, la monarca.

Valdrada (germánico). La que da consejos.

Valencia (latino). La que es valiente.

Valentina (latino). Que posee fuerza, salud y valor. Variantes: Valentine.

Valeria. Variante italiana de Valentina. Variantes: Valerie (francés), Valery.

Valonia (latino). Del valle.

Valquiria o Walkiria (escandinavo). La que envía el sacrificio. En la mitología nórdica, divinidad que acompañaba a los guerreros en el combate y designaba quién iba a morir.

Vanda (germánico). Protectora de los extranjeros.

Vanesa (griego). Mariposa. Variantes: Vanessa, Vanna.

Vanina o Vannina (hebreo). Forma reducida de Giovannina. Variante de Juana.

Vanna. Variante de Juana y de Vanesa.

Vanora (escocés). Ola blanca.

Vanya (ruso). Regalo bondadoso de Dios.

Varda (hebreo). Rosa.

Varvara (griego). Extraña.

Vashti (persa). Bella.

Veda (hindú). La que obra con sapiencia y cordura.

Vega (árabe). Estrella que cae.

Velia (latino). Lugar elevado.

Velika (eslavo). Grandiosa.

Velma (alemán). Variante de Guillermina.

Venancia (latino). Femenino de Venancio. La cazadora de venados.

Venecia (latino). Mujer de Venecia. Variantes: Venetia, Venezia.

Veneranda (latino). Venerable, digna de respeto.

Ventura (latino). La que tiene felicidad y dicha. Debe acompañarse de otro nombre que indique sexo.

Venus (latino). Hermosa y sensual. Nombre que los romanos daban a la diosa del amor. Variante: Venusta.

Vera (latino). Verdadera. Fe, fidelidad. Variante: Verena.

Verbena (latino). La que es saludable.

Veredigna (latino). La que tiene grandes méritos por su dignidad.

Verena (latino). Defensora. Variante de Vera.

Verenice. Forma de Berenice.

Verity (inglés). Verdad.

Verna (latino). Nacida en primavera.

Verónica (latino). Imagen real. Auténtica. Variantes: Berenice, Beronike (vasco), Veronika, Veronique (francés).

Vesna (eslavo). Primavera.

Vespera (latino). Estrella de la noche.

Vesta (latino). La que mantiene el fuego sagrado.

Vevila (celta). Mujer con voz melodiosa.

Vevina (hebreo). Dama dulce.

Vicenta (latino). La que ha conseguido la victoria. Forma femenina de Vicente.

Vicky. Diminutivo de Victoria.

Victoria (latino). Triunfadora. Variantes:

V

Vicky, Victorina, Vitoria, Vittoria
(italiano).

Vida (hebreo). Vida.

Vidonia (latino). Rama de la vid.

Vilma. Forma castellanizada de Wilma.

Viola (latino). Que causa regocijo, trae
alegría. Flor violeta.

Violeta (latino). La modesta. Bella como
esa flor. Variantes: Violet, Violetta
(italiano), Violette (francés).

Virginia (latino). La que es pura.
Variantes: Ginnie (diminutivo inglés).

Viridis (latino). Llena de vida,
floreciente. Variantes: Viridiana.

Visitación (latino). Remite a la
visitación de la Virgen María a Santa
Isabel, su prima.

Vita (latino). La conquistadora.

Vitalia (latino). La que está llena de vida.
Variante: Vitalina.

Viv (inglés). Diminutivo de Vivien.

Viveka (alemán). Pequeña mujer.

Vivi (latino). Viva.

Vivian. Forma inglesa de Viviana.

Viviana (latino). Menuda. Variantes:
Bibiana, Viv, Vivian, Vivienne, Vivina.

Vondra (eslavo). Amor de mujer.

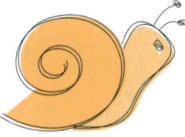

VARONES

Vachel (francés). Vaca pequeña.

Vadin (hindú). Orador.

Vail (inglés). Valle.

Val (latino). Poder. Debe acompañarse de otro nombre que indique sexo.

Valborg (escandinavo). Montaña poderosa.

Valdemar (escandinavo). Gobernante famoso.

Valdo (teutón). Gobierna, el monarca.

Valentín (latino). Fuerte, saludable.

Valentine (latino). Salud o amor. Debe acompañarse de otro nombre que indique sexo.

Valentino. Variante de Valentín.

Valeriano. Variante de Valerio.

Valerio (latino). Sano y robusto.

Valeska (polaco). Gobernante glorioso.

Valfredo, Vilfredo o Wilfredo (germánico). El rey pacífico.

Vance (inglés). Lugar muy alto, arbusto.

Varick (alemán). Gobernante protector.

Varun (hindú). Dios de la lluvia.

Vasin (hindú). Gobernante.

Vaughn o Vaughan (celta). Pequeño.

Vedie (latino). Vista.

Venancio (latino). Aficionado a la caza.

Venceslao o Wenceslao (eslavo). Coronado de gloria.

Ventura (latino). El que tendrá felicidad.

Verne (latino). Verde. Debe acompañarse de un nombre que indique sexo.

Vernon o Vernón (latino). Lleno de juventud. Variante: Vern.

Vero (latino). Veraz, sincero, creíble.

Verrill (alemán). Masculino.

Vic (inglés). Diminutivo de Víctor.

Vicente (latino). El que vence, el que conquista.

Víctor (latino). Conquistador.

Victoriano o Victorino. Variantes de Víctor.

Victorio. Variante de Víctor.

Vidal. Variante de Vital.

Vidor (húngaro). Jefe.

Vijay (hindú). Victorioso.

Vilfredo. Variante de Valfredo.

Vin (inglés). Diminutivo de Vincent.

Vinay (hindú). Cortés.

Vince (latino). Variante de Vincent.

Vincent (latino). Conquistador, vencedor. Variantes: Vinnie, Vinny.

Virgil (latino). Fuerte.

Virgilio (latino). El que tiene lozanía y verdor.

Virginio (latino). Es puro y sencillo.

Vital o Vitalicio (italiano). Joven y fuerte.

Vito (latino). El lleno de alegría.

Viviano o Bibiano. Hombre pequeño.

Vlad (eslavo). Variante de Vladimir.

Vladimir o Vladimiro (eslavo). Príncipe de la paz.

Vual (swahili). Salvador.

MIS FAVORITOS CON V

En la numerología equivale al 5,
símbolo de la libertad. La W se contagia del linaje de las
walkirias, divinidades escandinavas.
Está preparada para cualquier batalla y ama las nuevas ideas.

W:WYN

La palabra que define a esta runa es "alegría". Está vinculada a la atracción y simpatía que une a quienes descienden del mismo linaje. Contiene el misterio de la existencia armoniosa de diferentes fuerzas relacionadas entre sí. En el seno de la familia, esta runa representa la fuente de la más grande alegría humana: todos los miembros del clan trabajan armoniosamente juntos, integrados en su ambiente de una manera que resulta beneficiosa para todos. El poder de Wyn regala a quien la lleve en su nombre el compañerismo y la buena voluntad entre hermanos y hermanas.
Es una fuerza potente en el mantenimiento de las sociedades.

W

MUJERES

Wadia (árabe). Apacible, dócil.

Wafa (árabe). Lealtad.

Wakanda (aborigen: indoamericano). Poder interno mágico.

Walkiria, Walkyria o Walquiria (escandinavo). La divinidad que elige a las víctimas del sacrificio.

Wan (chino). Llena de gracia, suave.

Wanda (alemán). Allegada. Variante de Vanda.

Waneta (aborigen: indoamericano). Cargadora.

Wara (aborigen: quechua). Insignia del jefe. Debe acompañarse de otro nombre que indique sexo.

Wasifa (árabe). Dama de honor.

Wassemah (árabe). Bella.

Wayra (aborigen: quechua). Brisa. Debe acompañarse de otro nombre que indique sexo.

Wei (chino). Valiosa.

Welcome (inglés). Bienvenida.

Wenda (alemán). Justa. Variantes: Wendi, Wendy.

Wereburga (germánico). La protectora de la guardia.

Whitney (inglés). De la isla blanca.

Wilhelmina (germánico). Guardiana. Variante: Willa.

Willow (inglés). Paz, árbol.

Wilma. Variante de Guillermina.

Wilona (inglés). Deseada.

Winda (swahili). Cazadora.

Winema (aborigen: indoamericano). Jefa.

Wing (chino). Gloria.

Winifreda (germánico). La que es amiga de la paz. Variantes: Winired, Winireda.

Winni (indígena). Mi hija.

Winola (alemán). Mujer llena de gracia.

Winona o Wynona (aborigen: indoamericano). Primera hija.

Wisal (árabe). Contacto de amor.

Wisam (árabe). Medalla al mérito.

Witburga (germánico). La que protege los bosques.

Wulfilde (germánico). La que lucha con los lobos.

Wynne (galés). De complexión clara.

MIS FAVORITOS CON W

W

VARONES

Waban (aborigen: indoamericano). Viento del Este.

Wade (inglés). Del cruce del río.

Wagner (holandés). Carretero.

Wakeman (inglés). Guardián.

Walden (alemán). Poderoso.

Waldino (teutón). De espíritu abierto y audaz.

Waldo (alemán). Gobernante.

Walker (inglés). Aquel que engrosa la tela.

Wallace (francés). Extraño.

Walt (alemán). Variante de Walter.

Walter (alemán). Guerrero poderoso.

Wapi (aborigen: indoamericano). Suertudo.

Ward (inglés). Guardián.

Wardell (inglés). Pradera del guardián.

Warner (alemán). Guerrero protectivo.

Warren (alemán). Defensor.

Washington (inglés). Natural del pueblo de Wassins.

Watson (inglés). Hijo de Walter.

Waverly (inglés). Pradera de álamos.

Wayne (inglés). Carretero.

Webster (inglés). Tejedor.

Welby (alemán). Granja cerca de pozo.

Welton (inglés). Pueblo cerca del pozo.

Wen (gitano). Nacido en invierno.

Wendell (eslavo). Del valle del vagabundo. Debe acompañarse de un nombre que indique sexo.

Wenzel (alemán). Variante de Venceslao.

Werner (germánico). El que es héroe de su patria.

Wesley (inglés). La pradera del Oeste. Variante: Wes.

Whitby (escandinavo). Granja de paredes blancas.

Whitley (inglés). Campo pequeño.

Whitney (inglés). De las aguas claras. Debe acompañarse de otro nombre que indique sexo.

Wilbur (alemán). Confiado.

Wilford (inglés). Variante de Wilfred.

Wilfred (alemán). Pacífico o del sauce cerca del vado.

Wilfredo (germánico). El que reina en la paz.

Will (alemán). Guardián resuelto.

Willard (alemán). Valiente.

William (alemán). Guardián resuelto. Variantes: Willem, Willie.

Willis (alemán). Hijo de William.

Wilson (alemán). Hijo de William.

Winfred (alemán). Amigo de la paz.

Winslow (alemán). Loma de la victoria.

Winston (inglés). Pueblo victorioso.

Wolcott (inglés). Casita en el bosque.

Wolfgang (alemán). Paso del lobo.

Wood o Woods (inglés). Del bosque.

Woodrow (inglés). Camino a través del bosque. Variante: Woody.

Wynn (galés). De complexión clara.

MIS FAVORITOS CON W

- 184 -

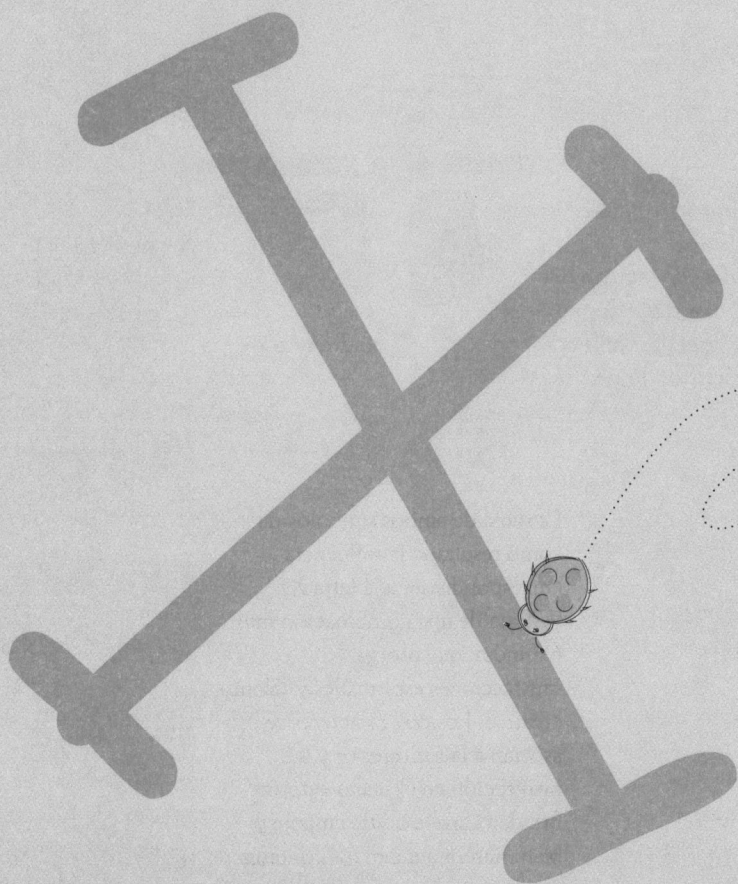

En la numerología equivale al 6,
fiel a la búsqueda de la armonía. La X exhala la armonía de un
xilofón, es hija de la paz y hermana de la humanidad.

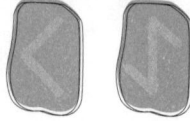

X:KENAZ
+
SIWILO

La suma de ambos símbolos da como resultado la influencia correspondiente a la letra X. Se trata de una combinación muy luminosa, que otorga satisfacciones espirituales y talento creativo. Los dos caracteres se asocian a la luz interior y su proyección en el plano externo. Brindan capacidad de empuje y buen humor a quien los contenga en su nombre propio. (Ver Kenaz y Siwilo, en las letras C y S).

MUJERES

Xalome. Variante vasca de Salomé.

Xalvadora. Variante de Salvadora.

Xandy. Variante de Alejandra.

Xannon (aborigen: indoamericano).
Antiguo dios.

Xantara (aborigen: indoamericano).
Protectora de la tierra.

Xanthe (griego). Rubia.

Xaviera. Variante de Javiera. Variante:
Xaviere.

Xena (griego). Invitada bienvenida.

Xenia (griego). La que da hospitalidad.

Xi-Wang (chino). Esperanza.

Xilda. Variante gallega de Gilda.

Ximena. Variante de Jimena.

Xing (chino). Estrella.

Xiomara (canario). Nombre aborigen de
las Islas Canarias.

Xoana. Variante de Juana.

Xola (africano). La que está en paz.

Xue (chino). Nieve.

Xuxa (español). Reina.

Xylia (griego). La que viene del bosque.
Variante de Silvia. Variantes: Xylon,
Xylona.

MIS FAVORITOS CON X

VARONES

Xabat (vasco). Variante de Salvador.
Xacob (gallego). Variante de Jacob.
Xalvat (vasco). Variante de Salvador.
Xan (gallego). Variante de Juan.
Xanthus (griego). Amarillo.
Xarles (vasco). Variante de Carlos.
Xavier (vasco). Variante de Javier.
Xenos (griego). Extraño.
Xerman (gallego). Variante de Germán.
Xerxes (persa). Gobernante.
Xian (gallego). Variante de Julián.
Ximen (español). Obediente.
Xob (gallego). Variante de Job.
Xochtiel o Xochiel (azteca). Flor.
Xoel (gallego). Variante de Joel.
Xose (gallego). Variante de José.
Xulio (gallego). Variante de Julio.
Xusto (gallego). Variante de Justo.

MIS FAVORITOS CON X

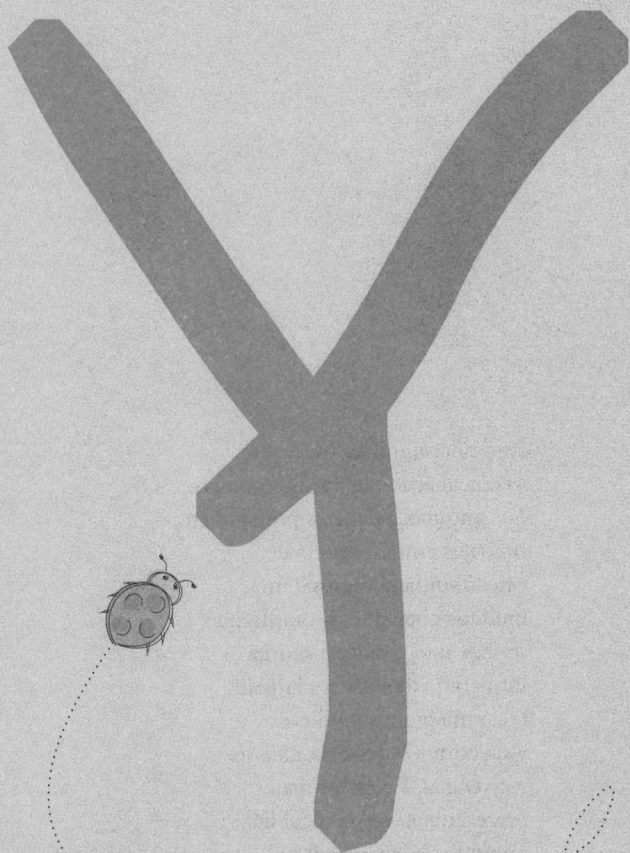

En la numerología equivale al 7,
un dígito místico, espiritual y filosófico. La Y es una profunda
pensadora. Le atraen la sabiduría,
el yoga (la unión) y los grandes ideales.

Y: EIWAZ

Esta runa significa "tejo" y se
asocia al árbol del mismo nombre.
Los antiguos nórdicos preparaban
brebajes con la esencia de
este árbol para ingresar en
mundos chamánicos, por lo que
se dice que esta runa otorga
intuición, videncia y claridad.
Es también un símbolo de
vida eterna y de capacidad de
resistencia. Por su forma,
representa el eje vertical del
mundo y la capacidad de
mantenerse centrado.
Otorga equilibrio emocional y
objetividad a quien la lleve en
su nombre. Es un signo poderoso
de protección, y otro de sus
poderes mágicos es la memoria
de existencias anteriores.

MUJERES

Yachne (hebreo). Graciosa.
Yael. Forma de Jael. Variantes: Iael, Yaela.
Yaima (aborigen). Acequia.
Yama (japonés). Montaña.
Yamila (persa). Linda, bella. Flor fragante. Variantes: Jamila, Yamile, Yamilla.
Yanet. Variante de Jeannette.
Yanina. Variante de Giannina.
Yanni (hebreo). Regalo de Dios.
Yara (aborigen: guaraní). Señora de mi casa.
Yarmilla (eslavo). Comerciante.
Yasmín. Variante de Jazmín.
Yasmina (árabe). Bella como el jazmín.
Yauvani (hindú). Llena de juventud.
Yazmín (árabe). Flor fragante. Variantes: Jasmine, Jazmín, Yasmina, Yasmine.
Yelena (portugués). Luz.
Yelitza (latino). Amor.
Yemina (latino). Melliza.
Yenay (chino). La que ama.
Yepa (aborigen: indoamericano). Princesa del invierno.
Yeruti (aborigen: guaraní). Tórtola.
Yésica (hebreo). En gracia de Dios. Variantes: Jesica, Jessica, Yessica.
Yesmina (hebreo). Mano derecha, fuerza.
Yeva (ruso). La que da vida.
Yexalén (indígena). Estrella.
Yi (chino). Feliz.
Yoana. Variante vasca de Juana.
Yocasta (griego). Violeta.
Yoconda (italiano). Alegre y jovial.
Yoko (japonés). Niña positiva. Femenina.

Yolanda (latino). La que causa regocijo. Flor violeta. Variante: Yoland (francés).
Yonah (hebreo). Paloma. Variante: Yonina.
Yone o Yole (griego). Bella como la violeta.
Yoninah (hebreo). Paloma pequeña.
Yori (japonés). Digna de confianza.
Yoshe (japonés). Bella.
Yovela (hebreo). Alegre.
Yudit (hebreo). Variante de Judith.
Yunka (aborigen: quechua). Tierra caliente. Debe acompañarse de otro nombre que indique sexo.
Yvette. Variante escandinava de Ivonne.
Yvonne. Variante de Ivonne.

MIS FAVORITOS CON Y

Y

VARONES

Yago. Variante de Jacobo.
Yaguatí (aborigen: guaraní). Leopardo.
Yahto (aborigen: indoamericano). Azul.
Yakue (vasco). Variante de Santiago.
Yale (alemán). Uno que paga o produce.
Yancy (aborigen: indoamericano). Hombre.
Yanni (desconocido). Regalo de Dios.
Yannis (hebreo). Regalo de Dios.
Yardley (inglés). De la pradera cercada.
Yarin (hebreo). Entender.
Yaro (africano). Hijo.
Yaron (hebreo). Cantando.
Yasuo (japonés). Pacífico.
Yazid (árabe). Inteligente.
Yehudi (hebreo). Un hombre de Judah.
Yeneko (vasco). Variante de Iñigo.
Yerik (ruso). Elegido por Dios.
Yitzak (hebreo). Variante de Isaac.
Yogi (sánscrito). Practicante de Yoga.
Yorick (escandinavo). Un granjero.
York (celta). De la granja de árboles de tejo.
Yosef (hebreo). Dios añade. Variante: Yosefu.
Yoshi (japonés). El bueno, respetado.
Yrko (finlandés). Variante de Jorge.
Yuki (japonés). Nieve o con suerte.
Yukio (japonés). Obtiene lo que quiere.
Yulan (vasco). Variante de Julián.
Yule (inglés). De la Navidad.
Yuma (aborigen: indoamericano). Hijo del jefe.
Yuri (griego). Dios de la luz.
Yves (francés). Variante de Juan. Arquero.

MIS FAVORITOS CON Y

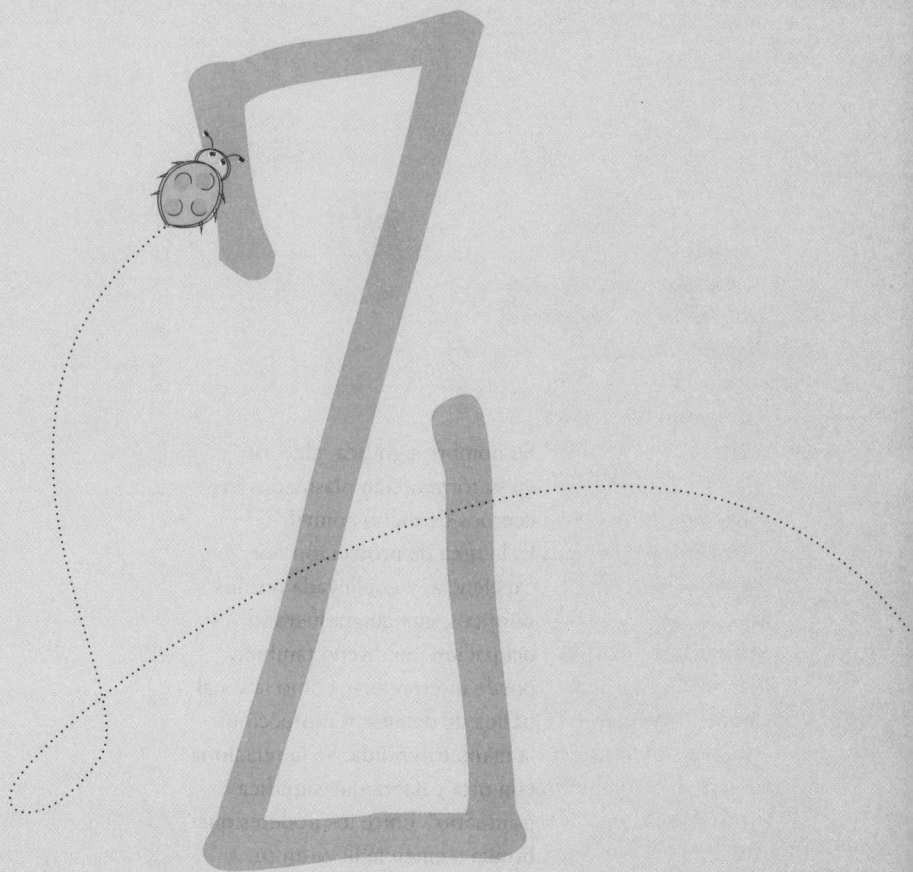

En la numerología equivale al 8,
símbolo del infinito. La Z irradia el encanto del zafiro
La última letra del alfabeto latino resuena
en el aire como una piedra preciosa. Es mental, cautelosa y
trabajadora, la puerta que abre la vida a otros mundos.

Z:EOHL

Su nombre significa "alce", y en su forma están plasmados los cuernos de dicho animal.
Es la runa de protección por excelencia, y era llevada por los nórdicos, cualquiera fuera su ocupación. Su diseño también puede interpretarse como la señal básica de defensa y protección: la mano extendida. Se la relaciona con otra palabra que significa "santuario". Entre los poderes que brinda a quien la lleve en su nombre está la transmisión de la paz interior y el entendimiento de la misión personal que se trae a esta vida. Es la runa de conexión entre los dioses y la humanidad, por lo que otorga espiritualidad y contacto con los aspectos superiores de cada uno.

MUJERES

Zaba (hebreo). La que ofrece un sacrificio a Dios.

Zada (árabe). La que tiene suerte.

Zahara (swahili). Flor.

Zahira (árabe). La que ha florecido.

Zahra (árabe). Blanca.

Zaida (árabe). La señora afortunada.

Zaira. Variante de Zahira.

Zakia (hebreo). Brillante, pura.

Zalika (africano). Que nació saludable.

Zaltana (aborigen: indoamericano). Montaña alta.

Zamira. Variante de Samira.

Zandra (griego). Variante de Alejandra, la que defiende y ayuda a la humanidad.

Zara (árabe). Llena de flores. Variante de Sara, la princesa.

Zarah (hebreo). Atardecer.

Zarifa (árabe). Se mueve con gracia.

Zarina (eslavo). Emperatriz.

Zaura. Variante de Saura.

Zazil-ha (aborigen: maya). Agua transparente.

Zea (latino). Trigo.

Zehava (hebreo). Dorada.

Zelda (alemán). Mujer guerrera.

Zelia (griego). Fervor.

Zelma. Variante de Selma.

Zelmira. Variante de Celmira.

Zemira (árabe). Música, canción.

Zena (persa). Hospitalidad.

Zenaida o Zenaide (griego). Hija de Zeus.

Zerlinda (hebreo). Atardecer hermoso.

Zetta (hebreo). Oliva.

Zía (latino). Grano.

Zigana (húngaro). Niña gitana.

Zila (hebreo). La que da grata sombra.

Zinia (inglés). Flor brillante.

Zinnia (latino). De la flor.

Zita (persa). La que se mantiene virgen. Variante: Zite (vasco).

Ziva (hebreo). Esplendor.

Zizi (húngaro). Dedicada a Dios. Variante: Sissi.

Zoé (griego). La llena de vida. Variantes: Zoey, Zoila.

Zona (latino). Circunferencia.

Zora (griego). Atardecer.

Zoraida (árabe). La que es elocuente. Variante: Soraida.

Zsa-zsa (húngaro). Variante de Susana.

Zula (africano). Brillante.

Zuleica (árabe). La que es justa. Mujer hermosa y rolliza. Variante: Zuleika.

Zulema (árabe). Paz. Princesa de los moros cuando invadieron España.

Zulma (árabe). Mujer sana y vigorosa. Variantes: Zulima, Zulmara.

Zunilda. Variante de Siglida.

Zuria (vasco). Blanca.

Zuzanny (hebreo). Lirio. Variante de Susana.

MIS FAVORITOS CON Z

VARONES

Zacarías (hebreo). Dios se acordó, lo recuerda.

Zach (inglés). Diminutivo de Zacarías.

Zachary (hebreo). Recordado por Dios.

Zaci (africano). Dios de la paternidad.

Zacky (inglés). Diminutivo de Zacarías.

Zahir (árabe). El visitante.

Zaid (africano). Incrementa, crece.

Zair (hebreo). Pequeño.

Zaki (africano). Proeza de león.

Zale (griego). Fuerza del mar.

Zalman (hebreo). Pacífico y silencioso.

Zamiel (alemán). Preguntó por Dios.

Zane (hebreo). Regalo bondadoso de Dios.

Zaqueo (hebreo). Puro, inocente.

Zared (hebreo). Riachuelo.

Zarek (griego). Que Dios proteja al rey.

Zebulon (hebreo). Exaltado, honorado.

Zedekiah (hebreo). Dios es justo. Variante: **Zed**.

Zeke (árabe). En memoria del Señor.

Zeki (turco). Inteligente.

Zelig (alemán). Bendecido.

Zeno (griego). Carreta.

Zenón (griego). El que vive.

Zenzo. Diminutivo italiano de Lorenzo.

Zero (árabe). Vacío.

Zev (hebreo). Lobo.

Zikomo (africano). Gracias.

Zimri (hebreo). Protegido, sagrado.

Zion (hebreo). Un signo, excelente.

Ziv (hebreo). Muy brillante.

Ziven (eslavo). Vigoroso, vivo.

Zo (africano). Líder espiritual.

Zoilo (griego). Lleno de vida.

Zoltan (árabe). Sultán, gobernante.

Zósimo (griego). El que lucha.

Nombres mapuches

El "mapudungum" fue hablado desde siempre por el pueblo mapuche.
Pero recién empezó a existir como lengua escrita cuando llegaron los primeros
misioneros, que volcaron al papel las palabras de "la gente de la tierra".
No existe un acuerdo acerca del alfabeto que debiera usarse para escribir esa lengua.
En general, los nombres mapuches están formados por dos componentes:
el primero distingue a la persona y el segundo expresa la "estirpe". Por eso muchos
de los nombres terminan con los mismos fonemas. Alguien cuyo nombre termina
en "man" (o "mañ") pertenece a la estirpe del cóndor. Es su apellido,
pero también simboliza la alianza con el espíritu del antepasado y el que originó
el linaje (pillán), que sigue protegiendo a sus miembros. Esa alianza establecida por los
antepasados refiere a elementos de la naturaleza o a su energía.

A

Aantuhuenu. Sol y cielo.

Acutuy. Llegada, arribo.

Adquin. Hermoso.

Adquintun. Mirar bien.

Adtutelu. Muy hermoso.

Afpeyum. Punto donde terminan las cosas.

Ahihuiñ. Imagen, reflejo en el espejo.

Ahuiñ. Reflejo.

Aifiñ. Adorno.

Aigñe. Ojos hermosos.

Aihuiñ. Imagen, reflejo en el espejo.

Ailen. Brasita.

Ailin. Transparente.

Aimen. Más o menos.

Ain. Amar.

Ainao. Tigre amable, manso.

Aine. Querida.

Ainil. Sentarse, establecerse.

Aipiñ. Reverberación solar.

Aisen. Desmoronarse.

Aitue. Amar, preferir.

Akir Lulul. Ruido, tropel.

Ale. Claridad de la Luna o las estrellas.

Alen. Alumbrar.

Ali. Leche de mujer.

Alibuen. Árbol de pie.

Alof. La luz.

Alonqueo. Lenguaje claro, lúcido.

Alquelen. El que sabe escuchar.

Alu. Leche de mujer.

Alualun. Inmenso.

Aluhe. Alma.

Alulen. Abundar.

Aluñma. Mucho tiempo.

Alla. Bonito.

Allafun. Aurora.

Allus. Templado.

Amanantu. Avance del Sol.

Amancay. Flor patagónica.

Amillang. Mujer decidida, de carácter firme.

Amuaimi. Que te vaya bien.

Amuchan. Viajar.

Amulen. Estar en movimiento.

Amuyen. En camino con otro.

Anchi. Luz fosforescente.

Ange. Cara.

Antilaf. Día feliz.

Antillanca. Joya del Sol.

Antu. Sol.

Antu Puel. Sol del Este.

Antuco. Agua asoleada; agua y Sol.

Antuquelen. Cometa de cola.

Anulen. Estar sentado.

Apolen. Estar lleno.

Aquintuy. Que vigila.

Arel. Que está ardiente.

Auca. Guerrero, rebelde.

Aucaman. Cóndor silvestre.

Aucan. Salvaje, libre.

Aucapan. Puma bravío.

Aukinco. Eco, resonancia.

Ayecan. Chistoso, alegre.

Ayelen. Alegre, risueña, sonreír.

Ayllapan. Como nueve pumas.

Ayufimi. Que quieres o estimas.

Ayuhuen. Alegría.

Ayun. Amor.

Ayuwn. Alegría.

C

Cacha. Adorno.

Cachantuan. Brillar como el Sol.

Cadme. Mucho.

Cafei. Lo mismo.

Cafir. Ronquera, asma.

Cafun. Caliente.

Cahuen. Remar.

Cahuin. Fiesta comunitaria, reunión.

Caicai. Nombre de un ser mitológico, un monstruo en forma de serpiente.

Caillin. Esqueleto de animal abandonado.

Calel. Cerro.

Calfir. Cuerda, palo que vibra con sonido.

Calfu. Azul.

Calfulen. Selva azul.

Calfumalen. Niña vestida de azul.

Calmin. Musgos que crecen en los árboles.

Calquin/Caquin. Águila.

Calquinñe/Calquiñe. Ojos de águila.

Callfu lyin. Cinta azul.

Callfuyautu. Vincha azul.

Camañ. Profesión.

Campil. Vela de cebo.

Caparcuyen. Media Luna (medio mes).

Caripan. Bosque verde.

Carulen. Ser verde.

Carunao. Campo verde.

Carutun. Máxima expresión de cariño.

Catrinahuel. Tigre rayado.

Catrun Rayen. Ramo de flores.

Caulin. Arañar.

Cauquen. Ganso salvaje.

Cayulef. Seis carreras.

Cochi. Dulce.

Codaufe. Trabajador.

Cofquelen. Carne con pan.

Cohuen. Saliva.

Coihue. Árbol de la región patagónica cordillerana.

Coipo. Nutria.

Coleo. Menta.

Coleufu. Agua de río.

Colimacuñ. Poncho rojo.

Collalla. Hormiga.

Collfo. Pimpollo.

Collipal. Venus (planeta).

Collof. Algas marinas.

Comuchen. Piedra, risco.

Coneufe. Adivinador.

Coñalef. Mozo, veloz.

Corel. Arena.

Coyam. Roble.

Cuifi Cutu. Desde hace tiempo.

Culfen. Llama de fuego.

Culmai. Enredadera.

Culpui. Gancho.

Cullintun. Asearse.

Cumelcan. Que es bien recibido.

Cumelcay/Cumelen. Estar bien.

Cumelu. Sabroso.

Cumenumun. Perfumado.

Cumepiuque. Buen corazón.

Cumuthue. Espejo.

Cuniltun. Tener cuidado.

Cunquen. Canción sagrada.

Cupal. Familia.

Cupil. Cortar.

Curalñe. Ojos de piedra.

Curamil. Piedra brillante de oro.

Curatoqui. Hacha de piedra.

Curigñne. Ojos negros.

Curiman. Cóndor negro.

Curimañil. Laguna verde.

Curripilun. Oreja negra.

Cushamen. Soledad.

Cutaquelen. Andar juntos.

Cuyuf. Nube de polvo.

Ch

Chadi. Sal.

Chahuaitu/Chahuay. Aros.

Chalieyu. Yo lo saludo.

Chalin. Saludo, despedida.

Cherufe. Bola de fuego, aerolito.

Cheuel. Bravo.

Chicum. Punta de lanza.
Chihuay. Neblina.
Chillcatun. Escribir.
Chodrayen. Flor amarilla.
Choïque. Ñandú.
Choyun. Brotar.
Chüshül. Canción de anuncio de buen augurio.

D

Dadal. Planta.
Daquel. Pacto.
Deya. Hermana.
Dihue. Jilguero.
Dio. Rocío.
Diuca. Ave.
Diumeñ. Avispa.
Doin. Ser mayor.
Domacal. Lana suave.
Doyel. Con más intensidad.
Duham. Memoria.
Dumiñ. Oscuridad.

E

Echel. Reservado.
Eimi. Tú.
Elañei. Linda.
Elcan. Joya.
Eluen/Elum. Dar.
Ella. Hermoso.
Emai. Sí.
Eniun. Caliente.
Entuy. Sacó, expresó.
Epehuen. Amanecer.
Epuchi. Dos veces.
Epulén/Epuyen. Ser dos.
Epumari. Veinte.
Eyen. Allá.

F

Falin. Ser estimado.
Feipun. Afirmar.
Ferrenen. Hacer un favor.
Feula. Ahora.
Feyurque. Es muy justo.
Fillantu. Todos los días.
Fitruñ. Humo.
Fituquim. Alcanzar a entender.
Fodell. Carozo.
Fodu. Espina.
Folilen. Echar raíces.

G

Guelmen. Rico, poderoso.

H

Huahuen. Ganancia.
Huaico. Valle, quebrada.
Huaiquil. Pez.
Huala. Un tipo de pato.
Huamque. Arco iris.
Huanguelen. Estrella.
Huapi. Isla.
Huaqueñ. Clamor.
Huarum. Grito.
Huaydef. Del otro lado del cerro.
Huayhuay. Bajada, cuesta abajo.
Huayhuen. Viento que viene del Sur.
Huayun. Arbusto.
Hueche. Hombre joven.
Huechu. Cumbre, cima.
Hueco. Agua fresca.
Huedomo. Mujer joven.
Huef Rumei. Apareció de repente.
Huefquelen. Estar a la vista.
Hueique. Sauce.

Huelihuen. Muy de mañana.
Huellon. Tierno, nuevo.
Huelman. Dar, ceder.
Huelten. Cosa diferente.
Huemuleufu. Vía Láctea.
Huenchual. Ser valiente.
Huenelen. Ser primero.
Hueney. Amigo.
Huenteleufu. Río arriba.
Huentru. Hombre.
Huenu. Cielo.
Huenun. Tener melodía.
Huepil. Arco iris.
Huepin. Conversador.
Hueralen. Hablar bien, saber usar las palabras.
Huerquen. Mensaje.
Huerquen Mapu. Emisario de la tierra.
Huetrem. Joven.
Hueychafe. Guerrero, peleador.
Huif Repu. Camino largo sin fin.
Huilef. Resplandeciente.
Huilel. Persona que adivina el futuro.
Huilen. Primavera.
Huilquileo. Lugar del zorzal.
Huillmeñ. Hablador.
Huiraf. Galope.
Huircalef. Grito de alegría.
Huitralen. Estar parado.

I

Iafutun. Comida.
Icuen. Cama.
Imi. Pestaña.
Inafel. Al lado.
Inafin. Alcanzar.
Inal. Orilla.
Inalen. Estar cerca.
Inaln. Hacer, componer.

Inan. A continuación de.
Inau. Cercanía.
Inayen. Seguir a otro.
Incan. Ayudar.
Inche Niemi. Yo tengo.
Iñaque. Posterior.
Ipan. Venir a comer.

L

Laflai. Inmortal.
Lahual. Alerce.
Lahuen. Remedio.
Laicug. Palma de la mano.
Lamgen. Hermana.
Lefmaufe. Fugaz.
Lefquehuen. Lengua ágil.
Lelican. Llamar la atención.
Lelin. Mirar fijo.
Lepal. Meteoritos.
Leulen. La sien.
Leulin. Duro.
Lican. Piedra de pedernal.
Lican Ray. Piedra florida.
Lien. Plata (metal).
Lifhuenu. Cielo despejado.
Lifñelu. Limpio.
Lighuen. Luz.
Lihue. Vida, existencia.
Lil. Peñasco.
Lilen. Arbusto.
Lipu. Cristal de roca.
Liu. Color blanco.
Liu Mahuen. Lluvia blanca.
Liucu. Gota.
Liuculiñi. Cigüeña blanca.
Liucuyem. Arena blanca.
Liucuyen. Luna blanca.
Liuquen. Agua limpia.
Liuto. Flor autóctona.

Lof. Agrupación.
Lolen. Valle entre montañas.
Loncoman. Cabeza de cóndor.
Lumpu Uñem. Bandada de pájaros.
Luyef. Lustroso.

Ll

Llafilaf. Ramo de flores, florero.
Llafquelen. Estar sano.
Llagpai. Brindis.
Llahueñ. Frutilla silvestre.
Llahui. Cerrojo.
Llaitun. Vigilar, espiar.
Llallin. Hormiguita.
Llamecan. Fiestas comunitarias.
Llamllam. Enjambre.
Llampum. Aire puro.
Llanca. Cuenta de un collar.
Llanque. Invitación.
Llanten. Planta medicinal.
Llañu. Delgado.
Llaufeñ. Sombra.
Llauquen. Invitar, convidar.
Llechi. Así es.
Llegmay. Le nació un hijo.
Llemllem. Reluciente.
Llepifun. Centellear de las estrellas.
Lleuque. Conífera.
Llifquen. Rayo.
Llitu. Principio, origen.
Lludnamun. Pies libres.
Lluhe. Taza de plata.
Llum. Secreto.

M

Maca. Adorno.
Maden. Árbol medicinal.
Madquen. Nube de vapor.

Mafen. Paga.
Mahuen. Lluvia.
Mahuenco. Agua de lluvia.
Maicoño. Tórtola.
Maichin. Señal, marca.
Maife. Obediente.
Mailen Quelef. Región despejada.
Maimatu. Colgante del pecho.
Maiten. Árbol.
Malen. Doncella.
Malin. Fragmento de pedernal.
Malve. Dócil.
Mampu. Caricia.
Mana Tutelu. Sumamente hermoso.
Manalen. Abunda.
Mancug. Mano derecha.
Mandi. Tubérculo comestible.
Manque. Cóndor.
Manqui. Penacho de pájaro.
Mari Ailla. Diecinueve.
Marilaf. Diez lagos o mares.
Meleaimi. ¿Te quedarás?
Melfen. Rocío.
Melin. Ser cuatro.
Melipal. Cruz del Sur.
Mellfuhuen. Labios.
Meñeltun. Creer, obedecer.
Meulen. Remolino de viento.
Michay. Árbol.
Milla. Oro.
Millacura. Piedra preciosa.
Millain. Bien dorado.
Millarali. Plato de oro.
Millaray. Flor de oro.
Minulen. Estar adentro.
Mollepu. Cada dos.
Monguen. Vida.
Mulpun. Hollín.
Mundai. Bebida fermentada.
Muñcu. Completo.

Mupin. La verdad.
Mupu. Ala.

N

Nagantu. Sol que va bajando.
Nagmen. Canto emocionado.
Nahuel. Tigre.
Nale. Pies ligeros.
Namunlef. Ligero.
Nefchi. Fuerza.
Negchem. Ser cariñoso.
Nehuen. Fuerte.
Nehuenlu. Inflexible.
Neipin. Desatar.
Nepen. Despertar.
Neyen. Hálito.
Neyenmapu. Aliento de la tierra.
Neyun. Respiración.
Ngenpin. Dueño de la palabra.
Nguenel. Símbolo.
Nguerri. Zorro.
Ngulam. Consejo.
Ngupun. Dibujo.
Niequelu. Propietario.
Nil. Planta medicinal.
Nonthue. Puerto.
Norculen. Rectitud.
Norquelen. Estar en lo justo.
Nulalen. Estar abierto.
Nulapeyum. Abertura.
Nulpi. Flor blanca.
Nuquem. Abrigo.

Ñ

Ñahue. Hija mujer (nombre que sólo usa el padre).
Ñapen. Tranquilo.
Ñapu. Junco de cestería.

Ñedquen. Audaz.
Ñemife. Mujer artesana de tejidos.
Ñidol. Principal.
Ñielol. Ojo de la cueva.
Ñihue. Manija, asa.
Ñimiñ. Encanto.
Ñipeyel. Descubrimiento.
Ñire. Árbol de la cordillera.
Ñuque. Madre.

O

Ocori. Gavilán.
Orquen. Vapor.
Oyal. Vuelta.

P

Paihuan. Reírse a carcajadas.
Paillan. Hombre pacífico.
Paina Huenu. Cielo celeste.
Painepi. Pluma azul.
Pal. Astros.
Palqui. Arbusto.
Pangui. Puma rojizo.
Pehuen. Araucaria.
Pelfen. Nuca de los animales.
Pelolen. Vigilar.
Pelomtun. Alumbrar.
Pelquin. Pluma.
Pellen. Verruga.
Pellin. Roble.
Pellu. Alma, espíritu.
Pemen. Ir a ver.
Penon. Huella.
Peñencantu. Muñeca, juguete.
Peñihuen. Hermanos entre sí.
Peñimet. Lugar de hermanos.
Pepican. Poner en orden.
Peplin. Ser capaz.

Perimontu. Visión.
Perkiñ. Plumas de adorno.
Petecon. Tomar agua.
Peumafe. El soñador.
Peumayen. Lugar soñado.
Peutun. Volver a verse.
Pichi. Pequeño.
Pichun. Plumas de aves.
Pideñ. Gallareta.
Pietin. Gusanito.
Pihue. Lugar de parlamentos.
Pilmaiquen. Golondrina.
Pimun. Soplar.
Piñen. Promesa.
Pire. Nieve.
Pire Rayan. Flor de las nieves.
Pitral. Flamenco.
Piuque. Corazón.
Piuqueyen. Llevar en el corazón.
Poyen. Amor.
Poyen Dungu. Palabras de amor.
Poyenulcatun. Canto de amor.
Pulchen. Ceniza fina de cigarrillo.
Pulihuen. Alborada.
Pullag. Escarcha.
Pulqui. Flecha.
Pumahue. Lugar lluvioso.
Puquem. Invierno.
Purcuyen. Luna teñida.
Puyel. Centella.

Q

Quedin. Esquila.
Quehuen. Lengua ágil.
Quelcai. Collar.
Quelco. Canasto tejido.
Queleñ/Queleñu. Lágrimas.
Quellufiñ. Acción de ayudar.
Quemcholl. Penacho.

Querfu. Crin.
Querrefquelen. Haber viento.
Queupu. Pedernal.
Queyai. Salitre.
Quhuafue. Luchador.
Quiamquei. Girar.
Quilapan. Tres pumas.
Quillen. Frutilla cultivada.
Quimche. Hombre sabio.
Quimei Ñe. Ojos lindos.
Quimeiquipan. Bienvenido.
Quimtupelu. Investigador.
Quiñepiuque. Fiel, honrado.
Quiñilef. Viaje veloz.

R

Rai Mapu. Tierra florida.
Raiquen. Ave nocturna.
Raitrai. Cascada de flores.
Rañipun. Medianoche.
Raquifal. Respetable, venerable.
Raquin. Contar.
Rayen. Flor.
Reimu. Arco iris.
Repuyen. Orientarse.
Reuquen. Tempestuoso.
Rulican. Pulir.
Rume. Junquillo.
Rumen. Transitar.
Rumrum. Susurrar.
Rupu. Palillo para encender el fuego.

S

Saquei. Tubérculo.
Saquin. Honrado.
Sayi. Fruta.
Sayin. Despojar.
Shakiñ. Elegida, alma bondadosa.

Shayen. Amable, dulce.
Shiquil. Adorno de plata.
Siculla. Fuente de greda.
Siguen. Compañero.
Soi. Algarroba.

T

Tachi. Éste.
Tacun. Cubrir.
Tahue. Junta, unión.
Talca. Trueno.
Tayi. Hace rato.
Toqui. Jefe.
Trapial. Puma gris.
Turpu. Para siempre.
Tuten. Acertar.

U

Ula. Después.
Ule. Mañana.
Ulmen. Rico, poderoso.
Ulmo. Árbol.
Ulpu. Alimento.
Umauhuiya. Sueño de anoche.
Unelen. Ser el primero.
Unelu. Puntero.
Upam. Después de.

Y

Yaco. Bolsa de piel.
Yafiduami. Decisión firme.
Yafquiñe. Ser más de uno.
Yafulu. Sólido.
Yaima. Acequia.
Yain. Granizar.
Yamay. Estar bien.
Yehuen. Presente.

Yehuentun. Respetar.
Yenien. Llevar con uno.
Yepan. Parecerse a su abuelo.
Yepun. Lucero de noche.
Yequen. Ciervo.
Yerimen. Ágil.
Yeten. Cosecha.
Yifun. Crecer, aumentar.
Yimumul. Enseñanza.
Yuchan. Búsqueda.
Yune. Principio.

MIS FAVORITOS

Mis elegidos

MUJERES

VARONES